CALCIO, BICICLETTA E ALTRI SPORT

Jean-Christophe Cataliotti - Luca Talotta

I SEGRETI DELL'AGENTE DEI CALCIATORI

Con le dirette testimonianze di

Giuseppe Accardi - Patrick Bastianelli - Giovanni Branchini - Andrea Cattoli - Andrea D'Amico - Davide Lippi - Lionello Manfredonia - Carlo Pallavicino - Federico Pastorello - Claudio Vigorelli

Prefazione di
Xavier Jacobelli

Introduzione di
Massimo Lanotte

MURSIA

I disegni di apertura dei capitoli sono di Alessandro Scillitani.

www.mursia.com

6308/AC - Ugo Mursia Editore s.r.l. - Milano
Stampato da Andersen s.p.a. - Boca (Novara)

Anno	Ristampa
16 15 14 13	1 2 3 4

Ai nostri genitori, a Barbara, a Fulgenzia
e al piccolo Jean-Philippe

PREFAZIONE

Il primo a inventare il mestiere di procuratore è stato Antonio Caliendo, autentica leggenda del ramo. Tant'è vero che, senza mezzi termini, ha intitolato la sua autobiografia *Nessuno prima di me*. L'avvocato Dario Canovi obietta amabilmente che, con tutto il rispetto, il primo è stato lui. Giovanni Branchini, invece, taglia corto rammentando di avere anticipato Caliendo in qualità di manager sportivo, facendo gavetta nel pugilato sulle orme del celeberrimo padre. Trattasi di quisquilie: tutti e tre questi signori appartengono già alla storia di una categoria diventata padrona del mercato.

Caliendo cominciò vendendo enciclopedie, poi passò alle agende personalizzate dei giocatori, quindi li fece diventare testimonial pubblicitari, rendendoli sempre più ricchi e famosi (Giancarlo Antognoni può confermare). Seguirono Maradona, Roberto Baggio, Dunga, Diaz, Trezeguet e cento altri. Quando Caliendo trasformò l'idolo di Firenze nel testimonial Facis, gli agenti FIFA non esistevano e Mino Raiola non sapeva che da grande avrebbe sfondato anche grazie al tesserino magico che molti vogliono conquistare.

In quale modo lo spiega questo prezioso libro, scritto a quattro mani da Luca Talotta, caporedattore di calciomercato.com nonché autentica «wikipedia» ambulante della materia, e da Jean-Christophe Cataliotti, avvocato italo-francese, agente FIFA (*ça va sans dire*), grande esperto di diritto sportivo.

Avvertenza fondamentale: chiunque si appropinqui a questa professione, lo faccia con la massima serietà. La selezione è sempre più severa. Il tempo degli imbonitori e dei ciarlatani è finito. Questa partita la vince chi gioca meglio perché si è preparato meglio. Studiate, studiate: qualche cosa resterà. Non bisogna avere paura della FIFA.

XAVIER JACOBELLI

Introduzione

Sembrano passati ormai secoli da quando, alla fine degli anni Settanta, si affaccia sulla scena del mondo calcistico la nuova figura dell'agente dei calciatori o, meglio, secondo la terminologia dell'epoca, del «procuratore».

Di lì a poco, l'abolizione del vincolo sportivo, sancita dalla l. n. 91/1981, apre nuovi scenari nel rapporto tra società e sportivi professionisti e, a livello europeo, la Corte di Giustizia, con la nota sentenza Bosman del 1995, afferma il principio di libera circolazione dei calciatori nella UE, sancendo l'illegittimità di tutte quelle norme, emanate dalle associazioni sportive, secondo le quali un calciatore professionista, alla scadenza del contratto che lo vincolava a una società, poteva essere ingaggiato da un'altra società solo se quest'ultima versava alla società di provenienza un'indennità di trasferimento, di formazione o di promozione.

Tale pronuncia rivoluziona radicalmente gli assetti tradizionali incentrati sul dominante ruolo di mercato delle società, per attribuire nuovo e rilevante potere contrattuale ai singoli calciatori, riappropriatisi, grazie allo svincolo e alla libertà di circolazione, del loro destino lavorativo e sportivo.

Da qui, la rapida affermazione di una figura, quella dell'agente, rivelatasi sempre più indispensabile nell'affiancare e assistere il calciatore nelle dinamiche – spesso perigliose, senza una guida sicura – dei trasferimenti e delle trattative contrattuali.

Peraltro, all'inizio, il ruolo dell'agente sconta la mancanza di un riconoscimento e di una regolamentazione specifica, così da affacciarsi come figura «atipica» nell'ordinamento calcistico.

L'Italia è il primo Paese in cui viene disciplinata, all'inizio degli anni Novanta, mediante l'emanazione di un Regolamento FIGC, l'attività del «procuratore sportivo» – definito come «la persona fisica che presta opera di assistenza o mandato senza rappresentanza a favore o nell'interesse del calciatore professionista nell'attività diretta alla definizione della durata e del compenso del contratto di prestazione sportiva con società di calcio professionistico e nell'utilizzo dell'immagine, del nome o di quanto consimile del calciatore professionista» – quasi ad affermare un primato, per importanza e rilevanza del fenomeno calcistico, che, quanto al numero di agenti, perdura tuttora. Basti considerare che attualmente in Italia risultano iscritti nel «registro» FIGC 950 agenti, numero ben superiore a quello di altri Paesi con consolidata tradizione calcistica quali, ad esempio, Inghilterra (497), Spagna (568), Germania (425), Brasile (333), Argentina (217).

La figura dell'agente trova riconoscimento a livello internazionale solo nel 1996, mediante l'emanazione di un Regolamento FIFA che, peraltro, stabilendo delle restrizioni all'esercizio dell'attività, viene sottoposto a censure da parte della Commissione UE per violazione del principio comunitario di libera concorrenza, tanto da essere poi emendato nel 2001.

E invero, la regolamentazione dell'attività dell'agente da parte delle Federazioni calcistiche, sia a livello internazionale, sia nazionale, ripropone le delicate problematiche dei rapporti tra ordinamento sportivo e ordinamento statuale. Da un lato, la giurisprudenza comunitaria ha finanche dubitato del potere di regolamentazione della FIFA in materia, affermando, in ogni caso, che gli agenti di calciatori svolgono un'attività economica di prestazione di servizi rientrante a pieno titolo nell'ambito di applicazione del diritto della concorrenza (e, quindi, le regole che disciplinano tale attività devono risultare compatibili con i principi antitrust); dall'altro, la disciplina FIGC è stata oggetto di valutazione, e di censura, da parte dell'Autorità Garante per la Concorrenza e il Mercato (AGCM), in tema di accesso al mercato, di offerta dei servizi e di conflitto di interessi.

In sostanza, l'attività dell'agente di calciatori – che, con l'emanazione del Regolamento FIGC del 2001, ha sostituito la figura del «procuratore» – trova attualmente disciplina in due fonti complementari dell'ordinamento sportivo: un Regolamento FIFA, il quale fissa i principi generali cui devono attenersi le singole Federazioni nazionali, e un Regolamento FIGC; entrambi devono essere conformi ai principi dell'ordinamento statuale. Sotto tale profilo, sono significative le ultime modifiche apportate al Regolamento FIGC, con l'abolizione, da un lato, di alcune ingiustificate restrizioni e, dall'altro, con una maggiore attenzione ai possibili conflitti di interessi, spesso esistenti nella realtà operativa.

Del resto, l'agente di calciatori continua a rimanere una figura *sui generis* nell'ambito dell'ordinamento sportivo, posto che non è un tesserato della Federazione, ma quest'ultima ne pretende tuttora l'assoggettamento al proprio potere regolatorio e disciplinare.

Sul piano giuridico, l'agente è un libero professionista che, avendo ricevuto, a titolo oneroso, l'incarico cura e promuove i rapporti fra un calciatore e una società in vista della stipula di un contratto di prestazione sportiva ovvero fra due società per la conclusione del trasferimento o per la cessione del contratto di un calciatore. Di conseguenza, si tratta di un'attività inquadrabile nella prestazione d'opera professionale di tipo personale, che ha come presupposto il conferimento di un mandato senza rappresentanza e come oggetto un'obbligazione di mezzi e non di risultato, soggetta non solo alla disciplina civilistica dettata dall'ordinamento dello Stato per le prestazioni d'opera, ma anche a quella comunitaria e nazionale in tema di concorrenza e di antitrust.

In tale prospettiva, è significativa, ad esempio, la recente censura della giurisprudenza amministrativa nei confronti della norma del Regolamento FIGC, ora abrogata, che limitava il numero massimo di agenti che potessero assumere la qualità di soci nella stessa società, in quanto pregiudizievole del diritto dell'agente al rispetto delle libertà civili ed economiche riconosciute ad ogni operatore e, quindi, anche delle sue libere scelte in ordine allo svolgimento della propria attività a titolo individuale o in forma associativa, nella stessa misura in cui le stesse sono riconosciute ad ogni altra associazione professionale e ai suoi componenti.

D'altra parte, l'evoluzione del mondo del calcio e dei rapporti economici ad esso sottesi impongono con forza l'adeguamento anche del ruolo dell'agente di calciatori a regole manageriali e a principi di competenza e trasparenza. Così, l'assistenza a «tutto campo» del calciatore, non solo nelle fasi delle trattative e del mercato, richiede conoscenze giuridiche, cognizioni di marketing, sponsorizzazioni, sfruttamento dei diritti di immagine, capacità organizzative e di relazione con i mezzi di informazione, indubbiamente più complesse e articolate rispetto al recente passato.

Su queste tematiche pare proprio che si incentreranno i futuri sviluppi di una professione che in pochi decenni ha assunto un'indubbia centralità nelle dinamiche del mondo del calcio e che ha ancora sicuramente potenzialità di crescita.

MASSIMO LANOTTE

«DA GRANDE FARÒ L'AGENTE DEI CALCIATORI!»

«Da grande farò l'agente dei calciatori!» È un'esclamazione di tanti giovani d'oggi alla ricerca di un lavoro che li faccia sognare, viaggiare e, perché no, guadagnare tanti soldi.

Sono giovani che vanno all'università, che hanno giocato a calcio a discreti livelli, che cercano un lavoro che li appaghi sotto tutti i punti di vista.

Eppure, dell'attività dell'agente dei calciatori, sanno poco o sono male informati, pensano che sia un mestiere riservato solo a chi ha giocato a calcio in Serie A o a chi è diventato avvocato.

Ed è proprio dall'esperienza diretta sul campo che è nata l'idea di questo libro: organizzando periodicamente corsi, all'interno della Cataliotti Football Workshop, di preparazione all'esame per agenti FIFA e per osservatori di calcio, si è palesata una richiesta incredibile da parte dei molti ragazzi iscritti. Il Leitmotiv era sempre lo stesso: come si fa a diventare agente dei calciatori? Come hanno fatto Andrea D'Amico, Giovanni Branchini e tutti gli altri a diventare quello che sono oggi? Dunque ecco nascere l'idea di questo libro, un testo pensato proprio per fare chiarezza, per spiegare chi sono gli agenti dei calciatori, come si diventa «procuratori» e che cosa occorre sapere per collocarsi nel mondo del calciomercato da veri protagonisti.

Attraverso le risposte ai quesiti più frequenti che riguardano l'attività degli agenti dei calciatori e che ci sono stati esposti più volte durante la nostra attività lavorativa in seno alla Cataliotti Football Workshop (per informazioni si rimanda al sito www.footballwork shop.it), e tramite le dirette testimonianze rilasciate da alcuni tra i più importanti agenti ora nel pieno del loro successo professionale, l'aspirante agente, o il semplice appassionato di calcio, potrà farsi un'idea più precisa – questo è almeno l'augurio degli autori – dell'atipica figura professionale dell'agente FIFA, meglio noto come procuratore sportivo.

Nella prima parte del libro viene data risposta, con linguaggio semplice, ma rigoroso, agli interrogativi più interessanti riguardanti l'attività dell'agente («Come si diventa agente dei calciatori? Quali requisiti occorre possedere per sostenere l'esame di idoneità? Quanto guadagna un procuratore? Qual è la durata del mandato stipulato con il calciatore? Si possono rappresentare gli interessi di una società?»), ma che investono anche altri soggetti, primo fra tutti il calciatore, che, forse, non tutti sanno essere un lavoratore subordinato *ex* legge 23 marzo 1981, n. 91, il cui contratto individuale deve essere sottoscritto con la società di calcio nel pieno rispetto delle regole stabilite dall'accordo collettivo tra Federazione Italiana Giuoco Calcio, Lega Nazionale Professionisti e Associazione Italiana Calciatori. E ancora, forse, non tutti sanno che il calciatore professionista può essere messo sotto contratto al minimo sindacale così come l'operaio o l'impiegato, che va in malattia e in infortunio, che gode del riposo settimanale (normalmente entro i primi due giorni della settimana, e non la domenica, il giorno di lavoro più importante del calciatore), che ha diritto al congedo matrimoniale (di almeno 5 giorni consecutivi e non 15) e che, infine, deve sottostare alle decisioni della società circa la scelta del periodo di godimento del riposo annuale in relazione alle esigenze dell'attività sportiva, e via dicendo.

Spazio anche alle risposte sulle domande concernenti le norme FIFA sui trasferimenti internazionali dei calciatori giovani e professionisti, che un bravo operatore di mercato non può permettersi di non conoscere.

Nella seconda parte, invece, la parola passa direttamente a loro, agli agenti dei grandi campioni...

Sono le testimonianze di chi ce l'ha fatta davvero: storie di vita, oltre che di lavoro, esempi da imitare. Assolutamente da leggere per smettere di sognare e iniziare a rimboccarsi le maniche, perché volerà alto solo chi oserà farlo!

Parte Prima

Le risposte ai quesiti più frequenti sull'attività dell'agente dei calciatori

CAPITOLO I

SULL'ESAME PER DIVENTARE AGENTE DEI CALCIATORI

Per diventare agente dei calciatori occorre superare un esame, consistente in una prova scritta con domande a risposta multipla. Per iscriversi all'esame è obbligatorio aver conseguito il diploma di maturità. Non è, quindi, necessario – come si potrebbe credere – essere laureati in Giurisprudenza o, addirittura, esercitare la professione di avvocato. Va, tuttavia, evidenziato che un avvocato, iscritto al relativo albo professionale, può rappresentare un calciatore o una società di calcio nella negoziazione di un contratto di lavoro o di trasferimento. Ne deriva che l'avvocato può tutelare gli interessi di calciatori e società senza dover necessariamente superare l'esame di idoneità.

Da notare, altresì, che il calciatore può essere rappresentato, nella conclusione o nel rinnovo di un contratto di lavoro, dal genitore, dal fratello (si pensi ad Alessandro Del Piero, assistito dal fratello) o dal coniuge. I parenti del calciatore, per assistere quest'ultimo (ma solo quest'ultimo), non sono, quindi, tenuti a diventare agenti dei calciatori.

La prova di idoneità si sostiene a Roma e il numero dei partecipanti, per ogni sessione d'esame, si aggira intorno ai 500-700, con percentuale di promossi che varia a seconda della difficoltà della prova. Nella sessione di marzo del 2012, ad esempio, i candidati risultati idonei alla prova sono stati 168, per una percentuale pari al 40,78%; nella sessione di settembre del 2011, viceversa, furono solo 117 i candidati risultati idonei, per una percentuale pari al 20,86%.

Non è una prova semplice, ma neppure impossibile se si studia con dedizione e impegno, e ci si esercita con simulazioni d'esame. I quesiti vertono sulle norme della FIGC (Federazione Italiana Giuoco Calcio) e su quelle della FIFA (Fédération Internationale de Football Association).

Un consiglio: la prova d'esame non va sottovalutata! Molti dottori in legge e/o avvocati arrivano a Roma certi di superare l'esame in virtù degli studi fatti e, magari, non trovano il loro nome – i risultati appaiono, il giorno successivo alla prova, sul sito della FIGC – tra i candidati risultati idonei. Chi, invece, pur non sfoggiando una laurea in materie giuridiche, studia con il timore di non farcela, e, quindi, con maggiore impegno, potrebbe «inaspettatamente» superare la prova.

Quali requisiti occorre possedere per sostenere l'esame di idoneità?

Secondo quanto dispone il Regolamento Agenti di calciatori, chi voglia sostenere la prova di idoneità per il rilascio della licenza è tenuto a inviare alla Commissione Agenti apposita domanda, che dovrà essere redatta conformemente alle modalità e ai termini del bando pubblicato su Comunicato Ufficiale della FIGC (bando visibile sul sito www.figc.it, dal quale è possibile scaricare non solo i moduli per l'iscrizione, ma anche i regolamenti nazionali e internazionali oggetto d'esame).

Il candidato per potersi iscrivere all'esame dovrà pagare una quota d'iscrizione nella misura stabilita dalla Commissione Agenti (generalmente pari a 100 euro) e dovrà, in particolare, dichiarare di essere cittadino italiano o di uno degli Stati membri dell'Unione Europea e di essere residente in Italia, ovvero di essere cittadino non comunitario legalmente e ininterrottamente residente in Italia da almeno due anni e di aver conseguito il diploma di scuola media superiore o titolo di studio equipollente secondo la normativa vigente.

Dovrà, inoltre, dichiarare di avere il godimento dei diritti civili e non essere stato dichiarato interdetto, inabilitato, fallito, di non aver riportato, fatte salve le sanzioni per condotte di gioco, alcuna inibizione in ambito sportivo nell'ultimo quinquennio per un periodo, anche complessivamente, superiore a 120 giorni, di non avere in corso procedimenti disciplinari e di non aver mai riportato sanzioni sportive che comportino la preclusione da ogni rango o categoria della FIGC o di altra Federazione associata alla FIFA e, infine, di non trovarsi nelle situazioni di incompatibilità o di divieto previste dallo stesso Regolamento Agenti.

Come si diventa agente dei calciatori?

Come detto, superando un esame, la cui procedura è

stabilita dal relativo bando nel rispetto dei principi e delle disposizioni della FIFA.

In base al Regolamento FIFA sugli agenti di calciatori, la prova di idoneità consiste in un test a scelta multipla.

Venti sono le domande, quindici sui regolamenti internazionali e cinque sulle norme nazionali. I candidati hanno a disposizione tra i 60 e i 90 minuti per completare l'esame e ogni Federazione è libera di determinare la durata esatta della prova nell'ambito dei suddetti parametri temporali.

Le domande sulle norme nazionali sono elaborate da ciascuna Federazione (in Italia, quindi, dalla FIGC), mentre la FIFA sceglie le domande su questioni relative al proprio statuto e ai propri regolamenti (generalmente le domande sulle norme della FIFA sono le più insidiose!).

È la FIFA a determinare il punteggio minimo richiesto per superare l'esame, attribuendo ad ogni risposta corretta un solo punto.

Nelle più recenti sessioni d'esame il punteggio minimo richiesto è stato pari a 14 su 20. Il candidato che non raggiunge il punteggio minimo può presentare domanda per essere ammesso alla successiva prova d'esame disponibile.

Va, infine, rimarcato che le date delle prove d'esame vengono stabilite nei mesi di gennaio e di giugno di ogni anno direttamente dalla FIFA e ogni Federazione è libera di decidere, per qualsiasi motivo, di non organizzare una prova d'esame, purché ne dia tempestiva notizia attraverso i propri canali ufficiali di comunicazione.

Una Federazione, in ogni caso, può non organizzare una prova d'idoneità per non più di due sessioni consecutive.

Superato l'esame, quali sono i passi da compiere per ottenere il rilascio della licenza?

Entro 6 mesi dalla data di superamento dell'esame, il candidato risultato idoneo dovrà «preoccuparsi», pena la decadenza dell'idoneità con obbligo di ripetizione della prova, di presentare alla Commissione Agenti la domanda di iscrizione al registro degli agenti autorizzati dalla FIGC, di produrre una polizza assicurativa di responsabilità professionale, di versare la tassa di iscrizione e la quota annuale, di sottoscrivere il codice di condotta professionale e una accettazione degli obblighi derivanti dal Regolamento Agenti, dichiarando, in particolare, di accettare la potestà disciplinare degli organi della FIGC e la clausola compromissoria per la cognizione arbitrale delle controversie (in pratica, è fatto divieto all'agente dei calciatori di adire gli organi di Giustizia Ordinaria).

La licenza rilasciata all'agente è strettamente personale e non cedibile. Decade qualora l'agente non possieda più i requisiti previsti dal Regolamento, cessi la sua attività, ovvero a seguito di sanzione disciplinare.

Con quali incarichi è incompatibile l'esercizio dell'attività di agente?

Secondo quanto dispone l'art. 11 del Regolamento Agenti, è incompatibile con qualunque incarico rilevante per l'ordinamento sportivo nell'ambito della FIFA, di una Confederazione (ad esempio, UEFA), della FIGC ovvero di una società, associazione o organizzazione alle stesse affiliata o collegata.

È, altresì, incompatibile con il possesso di partecipazioni, anche indirette, di una società calcistica italiana o estera, ovvero con il mantenimento di cariche sociali, incarichi dirigenziali, responsabilità tecnico-sportive, rapporti di lavoro autonomo o subordinato con una società calcistica italiana o estera, ovvero con ogni altra situazione o rapporto, anche di fatto, che comporti un'influenza rilevante su essa.

La norma in esame, inoltre, stabilisce che le relazioni di coniugio, parentela o affinità entro il secondo grado con soggetti che si trovino in una delle suddette situazioni soggettive rilevano ai fini dell'esercizio dell'attività, che deve essere improntata secondo i principi di lealtà, correttezza e probità.

Può decadere la licenza?
Può decadere qualora l'agente non possieda più i requisiti preliminari rilevanti, cessi la sua attività ovvero a seguito di sanzione disciplinare.

Può essere revocata la licenza?
Sì. La Commissione Agenti, con sede presso la FIGC in Roma, tiene il registro delle persone fisiche titolari di licenza che svolgono attività di agente e provvede a monitorare se l'agente possieda o meno i requisiti preliminari per il mantenimento della licenza.

Nel caso in cui il possesso di uno dei requisiti per il rilascio della licenza venga meno, l'agente ha a disposizione 120 giorni di tempo per sanare la situazione. Trascorso tale termine la licenza è definitivamente revocata.

Come si mantiene la licenza?
Attraverso corsi di aggiornamento, cui l'agente deve partecipare ogni 5 anni. Si tratta di corsi istituiti dalla Commissione Agenti, sentite le associazioni di categoria, con tempi e modalità indicati con separato bando, con frequenza obbligatoria e verifica finale per il mantenimento della licenza.

CAPITOLO II

SULL'ATTIVITÀ DELL'AGENTE DEI CALCIATORI

Ottenuta la licenza, l'agente può qualificarsi come «agente di calciatori autorizzato dalla Federazione Italiana Giuoco Calcio» e iniziare a esercitare la sua attività, disciplinata dal Regolamento Agenti di calciatori in conformità alle regole emanate in materia dalla FIFA, che si intendono richiamate dal Regolamento stesso. L'agente dei calciatori è un libero professionista senza nessun vincolo associativo nei confronti della FIGC o di società di calcio affiliate alla FIGC.

Non è, pertanto, iscritto alla FIGC come tesserato, ma deve, tuttavia, svolgere la sua attività conformemente alle norme della FIGC e della FIFA e ad altre norme regolamentari. L'agente deve, in particolare, sottostare al controllo, alle procedure e al giudizio disciplinare degli organismi federali indicati nel Regolamento Agenti di calciatori.

In altre parole, l'agente, pur non essendo tesserato per la Federazione nell'ambito della quale esercita la propria attività, risulta essere assoggettato al potere gerarchico della stessa in forza della sottoscrizione di apposita clausola, in sede di iscrizione all'elenco agenti, con la quale dichiara di accettare la potestà disciplinare della FIGC.

L'agente può svolgere la sua attività entro i confini nazionali o varcando gli stessi, per curare e promuovere – in forza di un incarico a titolo oneroso – i rapporti tra un calciatore professionista e una società di calcio professionistica in vista della stipula di un contratto di prestazione sportiva, ovvero tra due società per la conclusione del trasferimento o la cessione di un contratto di un calciatore nell'ambito di una Federazione o da una Federazione a un'altra.

L'agente dei calciatori, oltre a una puntigliosa preparazione su ogni norma nazionale o internazionale regolante i tesseramenti e i trasferimenti dei calciatori, è tenuto a conoscere anche le lingue straniere (le lingue ufficiali della FIFA sono l'inglese, lo spagnolo, il francese e il tedesco; la lingua ufficiale utilizzata per i verbali, la corrispondenza e le comunicazioni è la lingua inglese), deve essere disposto a viaggiare con ogni mezzo e, soprattutto, per non perdere interessanti occasioni di lavoro, è bene che si crei una rete capillare di osservatori (conosciuti anche come talent scout), sparsi un po' in tutto il mondo, che possano essergli d'aiuto per la segnalazione di giovani talenti.

Gli ingredienti indispensabili per esercitare l'affascinante attività dell'agente FIFA sono tanti e tutti parimenti importanti. Non si può sottovalutare nessun particolare perché, per ambire a entrare nel gotha del calcio, nessuna cosa può essere lasciata al caso, a partire dalla stesura di un mandato con un calciatore o con una società di calcio fino alla delicata fase della trattativa per la conclusione di un contratto di prestazione sportiva.

Non da ultimo, l'agente deve svolgere la propria attività rispettando il Codice di Condotta Professionale, che lo obbliga a svolgere il suo lavoro coscienziosamente, comportandosi, nella sua attività professionale, in maniera degna di rispetto e confacente alla sua professione.

In particolare, l'agente – come si legge nel punto VI del Codice deontologico allegato al Regolamento Agenti FIGC – deve evitare di agire contemporaneamente per più giocatori appartenenti alla medesima squadra, qualora ciò possa determinare una situazione anche solo potenzialmente conflittuale con la società stessa, e deve altresì evitare qualsiasi situazione in cui possa ravvisarsi un conflitto di interessi.

Al di fuori delle norme che regolano dettagliatamente l'attività degli agenti, un accenno va fatto al *savoir faire* che dovrebbe possedere un bravo agente.

Da lui, i suoi principali interlocutori, i calciatori, i genitori delle giovani promesse, i direttori sportivi e i presidenti delle società si aspettano disponibilità, capacità di ascolto, e tanta pazienza.

Ma ora rispondiamo alle domande concernenti le norme che disciplinano questa «misteriosa» attività.

Un agente dei calciatori da chi e come viene incaricato?
In base a quanto stabilito dal Regolamento Agenti, un agente può essere incaricato da un calciatore o da una società di calcio per curarne i rispettivi interessi. Non può, invece, assistere un allenatore!

L'incarico (nel linguaggio comune viene solitamente chiamato «procura») che riceve l'agente deve essere scritto e deve essere redatto esclusivamente sui moduli predisposti dalla Commissione Agenti, in conformità al modello approntato dalla FIFA.

I mandati, per essere pienamente efficaci, devono essere depositati o inviati, entro 20 giorni dalla loro sottoscrizione, mediante raccomandata a.r. presso la segreteria della Commissione Agenti.

Il mandato acquisterà piena efficacia solo quando saranno adempiute le suddette formalità.

È importante sapere che le disposizioni del Regolamento Agenti, che qui si stanno riportando, non possono pregiudicare il diritto a concludere un contratto di lavoro o un accordo di trasferimento senza l'assistenza di un rappresentante. Ciò significa che un calciatore, ad esempio, può concludere un contratto di prestazione sportiva senza l'assistenza di un agente. Il che è, però, molto raro, specie nelle categorie professionistiche maggiori.

Qual è la durata massima dell'incarico?

L'incarico, che può essere conferito in via esclusiva o non esclusiva (in tale caso, le parti devono espressamente indicarlo nel mandato), non può avere durata superiore a due anni e non può essere tacitamente rinnovato. Ciò significa che, scaduto il mandato, le parti, se decideranno di «lavorare» ancora insieme, dovranno nuovamente sottoscrivere l'incarico (sempre di durata massima biennale), depositandolo o inviandolo presso la segreteria della Commissione Agenti.

Un calciatore potrebbe, quindi, essere assistito per

tutta la carriera dallo stesso agente sottoscrivendo ogni due anni un nuovo incarico.

Qual è l'oggetto del mandato tra calciatore professionista e agente?
È doveroso premettere che il mandato tra calciatore professionista e agente deve essere compilato in stampatello e completato in ogni sua parte sul modulo di colore blu predisposto dalla Commissione Agenti. Il suddetto modulo, alla clausola 1, definisce come segue l'oggetto del mandato: «Il calciatore conferisce mandato all'Agente affinché lo stesso curi i suoi interessi, prestando opera di consulenza nelle trattative dirette alla stipula di contratto di prestazione sportiva con società di calcio professionistica, assistendolo nell'attività diretta alla definizione, durata, compenso ed ogni altra pattuizione del contratto stesso e curando, altresì, le trattative per eventuali rinnovi contrattuali».

Da chi è pagato l'agente?
Nel mandato deve essere espressamente indicato il soggetto tenuto al pagamento dell'agente con le relative modalità di pagamento.

Come regola generale, il pagamento dovrà essere effettuato esclusivamente dal cliente che ha conferito l'incarico all'agente. Il calciatore, tuttavia, dopo la conclusione del contratto con una società, può esprimere il suo consenso – che deve essere scritto – autorizzando la società a pagare direttamente l'agente per suo conto. Ovviamente, il pagamento effettuato dalla società a nome del calciatore dovrà riflettere le condizioni generali di pagamento concordate tra il calciatore e il suo agente. In pratica, se vi è l'autorizzazione scritta del calciatore e il pagamento è rispettoso degli accordi presi tra calciatore e agente, è legittimo il pagamento del compenso dell'agente da parte della società per conto del calciatore.

Quali informazioni deve contenere il mandato?
Deve contenere, a pena di nullità, le seguenti informazioni: il nome delle parti, la durata e il compenso dovuto all'agente del calciatore, le condizioni generali di pagamento, la data di scadenza e la firma delle parti.

In quante copie deve essere redatto il mandato?
Il mandato conferito da un calciatore o da una società deve essere redatto in quadruplice copia, ciascuna firmata da entrambe le parti. La terza copia deve essere conservata dal calciatore o dalla società, mentre la seconda resta nella disponibilità dell'agente.

Affinché si perfezioni la registrazione dell'incarico, l'agente è tenuto a inviare la prima e la quarta copia alla Commissione Agenti, nonché alla Federazione nazionale alla quale appartiene il calciatore se diversa dalla FIGC.

I mandati sono custoditi in apposito registro presso la Commissione Agenti, che ne definisce il regime di pubblicità, individuando le forme di riservatezza dei dati contenuti.

Un agente può assistere contemporaneamente, nella stessa trattativa, sia un calciatore che una società?
No. Gli agenti, infatti, per espressa previsione del regolamento che disciplina la loro attività, devono ob-

bligatoriamente evitare qualsiasi conflitto di interessi nel corso della loro attività. Un agente, infatti, in ogni trattativa, deve rappresentare solo gli interessi di una parte (è vietato quello che in gergo viene chiamato «doppio mandato»).

In modo particolare, a un agente è precluso avere un mandato, un accordo di cooperazione o comunque condividere interessi con una delle parti o con uno degli agenti delle altri parti coinvolti nel trasferimento di un calciatore o nella stipula di un contratto di lavoro.

Quanto guadagna un agente dei calciatori?
L'importo del compenso dovuto all'agente che ha ricevuto incarico dal calciatore deve essere calcolato sulla base del reddito annuo lordo del calciatore, in base a quanto risulta dal contratto di prestazione sportiva depositato e ratificato, comprendendo nel calcolo anche eventuali compensi straordinari *una tantum* dovuti alla firma del contratto.

Il guadagno dell'agente non va calcolato sul valore di altri benefit, quali i premi a punto e/o qualsiasi tipo di bonus (ad esempio, per il numero di gol segnati dal proprio calciatore) o di privilegio che non sia certo al momento della stipula del contratto.

Il diritto al compenso e le relative azioni si prescrivono al termine della seconda stagione sportiva successiva a quella in cui matura il compenso.

Più precisamente va evidenziato che il compenso dovuto all'agente è liberamente convenuto dalle parti e si calcola, generalmente, in misura percentuale sulla base del reddito lordo annuo del calciatore; può, ma è un'ipotesi residuale, essere concordato anche un pagamento in misura forfettaria da effettuarsi alla data di decorrenza del contratto di prestazione sportiva che l'agente ha negoziato per il calciatore.

Cosa accade se l'agente e il calciatore non concordano il pagamento di una somma forfettaria e il contratto di prestazione sportiva negoziato dall'agente per conto del calciatore ha una durata più lunga di quella dell'incarico?
In questo caso, l'agente, oltre alla quota percentuale maturata, avrà comunque diritto alla retribuzione maturanda anche dopo la scadenza dell'incarico, ma non oltre la scadenza del contratto di prestazione sportiva del calciatore. Da rilevare che nel caso di nuovo contratto di prestazione sportiva del calciatore che venga a sovrapporsi anche solo per alcune annualità al precedente contratto di prestazione sportiva, il successivo agente che abbia negoziato tale nuovo contratto, per il periodo di sovrapposizione, avrà diritto alle sole eventuali differenze positive che risultassero in base al nuovo contratto.

Un agente può assistere un calciatore dilettante?
No. La risposta negativa si evince anche dalla lettura del Regolamento Agenti, laddove viene stabilito che, in caso di retrocessione della società di appartenenza del calciatore dalla categoria professionistica a quella dilettantistica, il cambiamento di status del calciatore comporta l'automatica decadenza dell'incarico conferito all'agente e nessun compenso spetta allo stesso relativamente alle annualità contrattuali successive alla retrocessione.

In caso di incarico affidato da un calciatore, che cosa accade se il compenso dell'agente non viene convenuto fra le parti?
Ricordando ancora che il compenso dell'agente, in caso di incarico affidato da un calciatore, è convenuto liberamente tra le parti, può accadere che queste ultime non trovino un accordo nella determinazione del compenso stesso; in tal caso, il compenso sarà fissato nella misura del 3% sull'ingaggio lordo annuale del calciatore.

Da sapere, anche, che, nel caso in cui il contratto del calciatore sia stato stipulato secondo i minimi della categoria di appartenenza, nessun compenso spetterà all'agente.

In caso di incarico affidato da una società, come sarà pagato l'agente?
Se l'agente riceve incarico da una società (ad esempio, per vendere un calciatore ad altra società), quest'ultima deve corrispondere il compenso all'agente con il pagamento di una somma forfettaria che deve risultare dall'atto di conferimento, a pena di inefficacia dello stesso incarico.

L'agente può organizzare la propria attività imprenditorialmente?
Posto che l'attività di agente – per espressa previsione del Regolamento Agenti – può essere esercitata solo da persone fisiche che abbiano ottenuto la licenza, lo stesso regolamento stabilisce che l'agente possa organizzare la propria attività anche imprenditorialmente, mediante costituzione di una società a cui attribuire i diritti economici derivanti dagli incarichi.

L'agente può, pertanto, organizzarsi imprenditorialmente rispettando, però, le condizioni elencate nell'art. 4 del regolamento. Vale a dire, è necessaria l'autorizzazione del calciatore all'atto del conferimento, l'attività dei dipendenti deve essere limitata a funzioni amministrative, la società deve avere come oggetto sociale esclusivo l'attività disciplinata dal Regolamento Agenti ed eventuali attività connesse e strumentali, l'agente non deve essere socio di altre società con analogo oggetto sociale, la maggioranza assoluta del capitale sociale deve essere posseduta direttamente dai soci agenti, nessuno dei soci deve essere legato da rapporto di coniugio, di parentela o di affinità fino al secondo grado con agenti non soci o con soggetti comunque aventi un'influenza rilevante su società di calcio italiane o estere, nessuno dei soci deve essere una persona giuridica, i soci che non sono agenti devono avere e mantenere i requisiti richiesti per il rilascio della licenza, con l'eccezione del superamento della prova di idoneità all'esercizio dell'attività di agente, e, comunque, non devono versare in una delle situazioni di incompatibilità o divieto previste per gli agenti, e, infine, la rappresentanza legale della società deve essere attribuita a un agente socio.

Le parti (agente, calciatore, società) possono risolvere consensualmente l'incarico?
La risoluzione consensuale del mandato è possibile in qualunque momento, purché vengano regolati tutti i rapporti con apposito accordo debitamente sottoscritto, depositato o inviato mediante lettera raccomandata a.r. entro il termine di 20 giorni presso la segreteria della Commissione Agenti.

Il calciatore (o la società) può revocare l'incarico all'agente?
La risposta è affermativa. La revoca deve avvenire con un preavviso di 30 giorni da comunicarsi con lettera raccomandata a.r. non solo al calciatore, ma anche alla Commissione Agenti, presso la cui segreteria deve contestualmente depositare o inviare con lettera raccomandata a.r. copia della comunicazione di revoca inviata all'agente, unitamente all'attestazione postale di spedizione.

Da evidenziare che le parti possono stabilire, all'atto del conferimento dell'incarico, il pagamento di una somma predeterminata a titolo di penale da corrispondere solo quando l'incarico sia stato revocato in assenza di una giusta causa.

Che cosa accade se la revoca dell'incarico è avvenuta per giusta causa?
Premettendo che spetta all'organo arbitrale accertare la presenza o meno della giusta causa, ove venga acclarato che la revoca è avvenuta per giusta causa nulla sarà dovuto all'agente ad alcun titolo.

Per ottenere il riconoscimento della giusta causa, il calciatore o la società deve, a pena di decadenza, iniziare l'azione di accertamento della giusta causa con l'agente entro 30 giorni dalla data di invio della comunicazione di revoca.

L'agente può revocare l'incarico nei confronti del calciatore o della società?
La stessa facoltà di recesso è riconosciuta all'agente nei confronti sia del calciatore che della società; deve essere comunicato il recesso con preavviso di 30 gior-

ni con lettera raccomandata a.r., bisogna depositare o inviare copia della stessa revoca anche alla Commissione.

Spetta al calciatore, o alla società, il diritto al risarcimento degli eventuali danni subiti in conseguenza del recesso. Il risarcimento non spetta se il recesso dell'agente è avvenuto per giusta causa, che deve essere accertata dall'organo arbitrale adito dall'agente, a pena di decadenza, entro 30 giorni dalla data di invio della lettera di recesso.

Quali sono i diritti e gli obblighi degli agenti?
In base all'art. 19 del Regolamento Agenti, hanno il diritto di contattare ogni calciatore che non sia vincolato da un mandato con un altro agente (per sapere se un calciatore è «sotto procura» è consigliabile chiedere informazioni direttamente alla Commissione Agenti), quello di rappresentare gli interessi di ogni calciatore o società di calcio che richieda loro di rappresentarli nella conclusione o nel rinnovo di contratti e, infine, hanno il diritto di curare gli interessi di qualsiasi calciatore o di qualunque società chieda loro di farlo.

Quanto agli obblighi, ogni agente deve, anzitutto, assicurarsi che il suo nome, la firma e il nome del suo cliente (calciatore o società) siano indicati in qualsiasi contratto in cui sia parte.

Deve rispettare tutte le norme delle FIGC, delle Confederazioni e della FIFA, nonché ottemperare alle decisioni della Commissione Agenti, degli organi della FIGC, delle Confederazioni, della FIFA e dei lodi dei collegi arbitrali.

Deve improntare il proprio operato ai principi di lealtà, correttezza, probità, buona fede e diligenza professionale, garantendo che tutti i contratti di prestazione sportiva conclusi a seguito della propria attività siano conformi alle norme della FIGC, delle Confederazioni, della FIFA e di quelle del diritto dello Stato interessato, e deve rispettare, altresì, le norme deontologiche del Codice di Condotta Professionale.

È tenuto a informare compiutamente il calciatore delle trattative che ha in corso, del significato delle clausole contrattuali e di tutte le altre informazioni in suo possesso anche riguardanti la società con la quale il calciatore intende concludere il contratto di prestazione sportiva, nonché di seguire le direttive impartite dal calciatore per il buon andamento dell'incarico nel rispetto del Regolamento Agenti.

L'art. 19 ammonisce, ancora, che l'agente deve operare rispettando i contratti sottoscritti fra calciatore e società e che non può effettuare trattative per la conclusione di un contratto con altra società senza il consenso scritto della società con la quale il calciatore ha un contratto, salvo che nei 6 mesi antecedenti la scadenza del contratto. In pratica, l'agente, solo quando il proprio assistito sarà arrivato quasi a scadenza di contratto, potrà, anche senza il consenso scritto della società cui è legato contrattualmente il calciatore, avviare «alla luce del sole» trattative con altre società.

Analogamente, l'art. 21 dello stesso Regolamento vieta al calciatore, fino a 6 mesi prima della scadenza del suo contratto di prestazione sportiva, di dare incarico a un agente di ricercare un'altra società senza l'autorizzazione scritta della società di appartenenza.

Infine, ferme restando le disposizioni in materia di divieti e di incompatibilità, la norma pone a carico dell'agente l'obbligo di informare – mediante dichiarazione scritta da allegare al contratto di prestazione sportiva – il calciatore o la società di eventuali situazioni di conflitto di interessi, anche solo potenziale, nella conclusione di un contratto. Nel caso in cui l'informazione non venga resa tempestivamente, sia la società che il calciatore potranno risolvere il loro rapporto con l'agente.

Che cosa è vietato fare agli agenti dei calciatori?
Lunga è la lista dei divieti posti a carico degli agenti nell'esercizio della loro attività. Gli agenti, infatti, per non incorrere nel rischio di subire pesanti sanzioni disciplinari devono operare rispettando ogni singolo punto di cui all'art. 20 del Regolamento Agenti.

La suddetta norma detta i seguenti divieti: il divieto di contattare calciatori ancora sotto contratto con una società di calcio per convincerli a risolvere anticipatamente il contratto (si presume, salvo prova contraria, la responsabilità per induzione alla risoluzione, qualora quest'ultima sia avvenuta senza giusta causa da parte del calciatore), il divieto di rappresentare gli interessi di più di una parte nella stipula di un contratto tra una società e un calciatore e/o tra due società (ad esempio, l'agente non può rappresentare gli interessi di un calciatore per il cui trasferimento ha ricevuto mandato dalla società presso la quale è tesserato lo stesso calciatore), il divieto per l'agente che abbia curato gli interessi di una società per il tesseramento di un calciatore di ricevere incarichi o somme dallo stesso calciatore o stipulare accordi con quest'ultimo per un periodo di 12 mesi dalla data del predetto tesseramento, il divieto di rappresentare gli interessi di soggetti dell'ordinamento sportivo diversi dai calciatori e dalle società (ad esempio, gli allenatori).

Nel caso in cui un agente desideri collaborare con altri agenti, fatta salva la possibilità di organizzare la propria attività imprenditorialmente, la norma in esame vieta qualsiasi forma di accordo o di collaborazione che abbia carattere permanente tra agenti e/o società di agenti con l'eccezione di eventuali intese occasionali e dei trasferimenti internazionali.

Va, infine, evidenziato il divieto, posto a carico dell'agente, di intraprendere trattative con una società di calcio (italiana o estera) in cui il coniuge o un parente o affine entro il secondo grado detenga partecipazioni, ricopra cariche o incarichi dirigenziali, tecnico-sportivi o di consulenza, o eserciti in ogni caso un'influenza rilevante.

Che obblighi ha il calciatore nei confronti dell'agente?
È doveroso premettere che – come recita l'art. 21 del Regolamento Agenti – il calciatore, ove intenda avvalersi dei servizi di un agente, deve rivolgersi esclusivamente a soggetto titolare di licenza (a meno che non si faccia assistere da un avvocato, dal genitore, dal fratello o dal coniuge), deve verificare che l'agente sia fornito di regolare licenza prima di conferirgli l'incarico e, al momento della conclusione del contratto di prestazione sportiva, deve assicurarsi che il nome dell'agente sia indicato sul contratto (se il contratto di prestazione sportiva viene concluso senza l'ausilio dell'agente, di ciò deve essere fatta espressa menzione nel contratto).

Quanto agli obblighi nei confronti dell'agente, il calciatore deve rispettare in buona fede il mandato stipulato con lui e, qualora concluda un contratto senza l'assistenza di un agente regolarmente nominato, è comunque tenuto a corrispondere all'agente il compenso contrattualmente stabilito all'atto dell'incarico. In altre parole, se un calciatore conclude un contratto senza l'assistenza dell'agente che era stato incaricato col mandato, a quest'ultimo deve essere comunque corrisposto il compenso pattuito nella «procura».

Può un agente dei calciatori rappresentare gli interessi di un calciatore minorenne?
La risposta è affermativa. L'incarico deve essere sottoscritto sia dal minorenne che dall'esercente la potestà genitoriale e deve essere redatto esclusivamente sui moduli (di colore verde) annualmente predisposti dalla Commissione Agenti. Si tratta di un mandato a titolo gratuito che cessa di avere effetti entro il termine di 120 giorni dalla sua efficacia qualora il calciatore non stipuli effettivamente un contratto di prestazione sportiva come professionista con una società.

È bene sottolineare che si tratta di un mandato poco utilizzato, a causa della reticenza di molti genitori ad affidare prematuramente i propri figli all'assistenza di un agente.

Quali sanzioni possono essere applicate nei confronti degli agenti?
A seconda della gravità dei fatti e tenuto conto di eventuali recidive, le sanzioni che possono essere inflitte – sempre secondo le disposizioni del Regolamento – agli agenti (irrogabili anche congiuntamente) sono le seguenti: sanzione o deplorazione, sanzione pecuniaria di almeno 5 mila euro, sospensione del-

la licenza per un massimo di 12 mesi, revoca della licenza, divieto di partecipare a qualsiasi attività nell'ambito del calcio, preclusione alla permanenza di qualsiasi rango o categoria della FIGC.

Le suddette sanzioni vengono irrogate quando l'agente contravviene ai propri doveri ovvero non osserva le varie norme della FIGC, quelle delle Confederazioni e quelle della FIFA, nonché quelle del Regolamento Agenti, oppure non rispetta le decisioni della Commissione Agenti, degli organi della Giustizia Sportiva della FIGC e degli organi arbitrali.

È da sapere che, se un agente viene sospeso, i calciatori o le società dallo stesso rappresentati possono recedere *ad nutum* (cioè, liberamente) dal rapporto contrattuale con l'agente.

Sono di competenza degli organi di giustizia sportiva della FIGC le indagini, il deferimento, l'accertamento delle infrazioni e l'applicazione delle sanzioni nei confronti degli agenti; non è, tuttavia, esclusa la competenza della Commissione disciplinare FIFA, che può applicare sanzioni a un agente coinvolto in un trasferimento all'interno di una Federazione diversa da quella che ha emesso la licenza.

Sanzioni disciplinari possono, ugualmente, essere inflitte ai calciatori o alle società di calcio in caso di violazione del Regolamento Agenti, degli statuti e degli altri regolamenti della FIFA, delle Confederazioni o delle Federazioni.

L'agente dei calciatori per svolgere la sua attività ha necessariamente bisogno di avvalersi della collaborazione degli osservatori?

È una domanda che non trova risposta in nessun regolamento di tipo calcistico o di altra natura. L'agente, tuttavia, è libero di decidere se esercitare la propria attività avvalendosi o meno della collaborazione degli osservatori.

La figura dell'osservatore riveste, in ogni caso, un ruolo importante, anche se troppo spesso sottovalutato.

L'osservatore, inteso come talent scout, ha sempre avuto e continua ad avere una funzione indispensabile nel mondo del calcio, seppure la professionalità dell'osservatore si sia evoluta enormemente negli ultimi anni grazie all'avvento della tecnologia. Il taccuino è stato quasi soppiantato dai palmari e i calciatori si «vivisezionano» sempre più attraverso i video anziché stando ai bordi del campo. L'osservatore – specie se collaboratore di un agente FIFA – non si muove solo in auto, ma prende l'aereo, va a studiare i campionati minori in Paesi anche molto lontani, conosce le lingue e le norme calcistiche.

Se per le società di calcio l'osservatore, in forza di un contratto di collaborazione, deve seguire le strategie dei direttori sportivi, quando viene ingaggiato da un agente, il talent scout diventa quasi imprenditore di se stesso: decide dove, come e quando organizzare il proprio lavoro. È libero di scegliersi il campionato che meglio conosce, i calciatori da seguire e i periodi in cui è più libero di operare. Avvalendosi dei supporti tecnologici, potrà portarsi anche il lavoro a casa, dopo aver effettuato le riprese sul campo da gioco. Passerà, quindi, al montaggio di un filmato che dovrà risultare superprofessionale per poter essere proposto, attraverso la mediazione dell'agente, alle società di calcio.

E come può essere regolato il rapporto di collaborazione tra un agente e un osservatore?
La collaborazione tra un osservatore e un agente FIFA può essere siglata con un accordo scritto. L'osservatore si sentirà più motivato a visionare calciatori per conto dell'agente attraverso un contratto di collaborazione il più possibile dettagliato e meritocratico. Solo così il *talent scout* potrà sentirsi sicuro di non vanificare il lavoro svolto.

E i rimborsi spese sono previsti in questi contratti?
Dipende dal tipo di accordo che si vuole stipulare. Se l'osservatore si obbliga a prestare la propria attività di consulenza per un solo agente, quindi «in esclusiva», il rimborso delle spese generalmente viene riconosciuto. In caso contrario, cioè se l'osservatore ha siglato più accordi con più agenti, e quindi presta la propria attività in via «non esclusiva», le spese sono normalmente a carico dell'osservatore.

CAPITOLO III

SUL CONTRATTO DEI CALCIATORI PROFESSIONISTI

Con la legge 23 marzo 1981, n. 91, che è una legge sullo sport in generale regolante i rapporti tra società e sportivi professionisti, vengono definiti sportivi professionisti gli atleti, gli allenatori, i direttori tecnico sportivi e i preparatori atletici che esercitano l'attività sportiva a titolo oneroso con carattere di continuità nell'ambito delle discipline regolamentate dal CONI e che conseguono la qualificazione dalle rispettive Federazioni sportive nazionali. Nel rispetto di quanto disposto dalla suddetta legge, in base all'art. 28 delle Norme Organizzative Interne della FIGC (NOIF) sono qualificati «professionisti» i calciatori che esercitano l'attività a titolo oneroso con carattere di continuità, tesserati per società di Serie A, B e di Lega Pro. Ne deriva che, per esclusione, i non professionisti – secondo quanto dispone l'articolo successivo delle NOIF – sono i calciatori che svolgono attività sportiva per società associate nella Lega Nazionale Dilettanti, compresi quelli di sesso femminile, quelli che giocano il calcio a cinque e quelli che svolgono attività ricreativa.

La definizione di sportivo professionista, e, in particolare, di calciatore professionista (l'atleta), non si basa solo su criteri di tipo soggettivo, ma anche di tipo oggettivo, nel senso che gli sportivi professionisti per essere definiti tali devono esercitare l'attività sportiva a titolo oneroso (cioè, dietro corrispettivo) e con carattere di continuità (vengono escluse le attività sportive di tipo occasionale, saltuario, episodico).

Il rapporto tra società e sportivi professionisti viene individuato come rapporto di lavoro subordinato ed è disciplinato dall'art. 4 della legge n. 91/1981, secondo il quale «il rapporto di prestazione sportiva a titolo oneroso si costituisce mediante assunzione diretta e con la stipulazione di un contratto in forma scritta, a pena di nullità, tra lo sportivo e la società destinataria delle prestazioni sportive, secondo il contratto tipo predisposto, conformemente all'accordo stipulato, ogni tre anni dalla federazione sportiva nazionale e dai rappresentanti delle categorie interessate».

Ebbene, il rapporto di lavoro tra società e calciatori professionisti è disciplinato, oltre che dalla legge del 1981 e dalle NOIF, anche dagli Accordi Collettivi, emanati con l'intento di dare attuazione all'art. 4 della legge nella parte in cui devolve alla contrattazione collettiva il compito di predisporre il contratto tipo per la disciplina del rapporto di lavoro degli sportivi professionisti.

L'Ordinamento Giuridico del Giuoco Calcio, allo stato attuale, presenta tre differenti Accordi Collettivi, uno per i calciatori di Serie A, uno per quelli di Serie B, e, infine, uno per quelli che militano nei campionati di Lega Pro.

Nelle pagine che seguono daremo risposta alle domande inerenti all'Accordo Collettivo dei calciatori di Serie A, stipulato tra la Federazione Italiana Giuoco Calcio (FIGC), la Lega Nazionale Professionisti Serie A (LNPA) e l'Associazione Italiana Calciatori (AIC), per la cui sottoscrizione si registrano, spesso, accesi scontri tra le parti contraenti (tutti ricorderanno il clamoroso «sciopero» dei calciatori di Serie A alla prima di campionato della stagione sportiva 2011-2012).

Un bravo agente dei calciatori che voglia tutelare al meglio il proprio assistito non può esimersi dal conoscere dettagliatamente le norme contenute nell'Accordo Collettivo disciplinanti il trattamento economico e normativo dei rapporti tra calciatori professionisti e società partecipanti al campionato nazionale di Serie A.

È opportuno rilevare, infine, che l'Accordo Collettivo di cui si tratta in queste pagine è scaduto il 30 giugno 2012, ma è stato prorogato di un anno, con firma il 7 agosto 2012. In attesa di stipulare un contratto di durata triennale, le parti si sono, dunque, accordate per mantenere in vigore ancora per un anno l'ultimo accordo, inserendo nello stesso una sola, ma rilevante, novità: la sospensione dello stipendio per i calciatori squalificati per scommesse o illecito sportivo, oltre che per doping.

Quale deve essere la forma del contratto individuale del calciatore di Serie A?

Il contratto individuale tra società e calciatore professionista, a pena di nullità, deve essere redatto su apposito modulo conforme al contratto tipo allegato allo stesso Accordo Collettivo.

Il contratto individuale, a pena di nullità, deve essere sottoscritto dal calciatore e da un rappresentante della società (da mettere in rilievo che se un agente è coinvolto nella negoziazione del contratto, il suo nome dovrà essere specificato).

Il contratto deve essere redatto e sottoscritto in tre esemplari: uno è di competenza della società, uno è di competenza del calciatore e uno è destinato al deposito presso la Lega a cura della società.

Sono validi i patti di non concorrenza apposti al contratto individuale del calciatore?
La risposta è negativa. L'Accordo Collettivo, infatti, conformemente all'art. 4 della legge n. 91 del 1981, dispone che sono nulli i patti di non concorrenza o comunque limitativi della libertà professionale del calciatore per il periodo successivo alla risoluzione del contratto (ad esempio, non si può impedire al calciatore, con una clausola inserita nel contratto individuale di quest'ultimo, di andare a giocare nel Milan dopo aver militato nell'Inter).

Sono, infine, consentiti i patti di opzione a favore sia della società sia del calciatore, mentre sono vietati quelli di prelazione.

Il contratto individuale del calciatore deve essere depositato?
Sì. Deve essere depositato dalla società entro 10 giorni dalla sottoscrizione.

Può accadere che la società non provveda al deposito; in tal caso, il calciatore può direttamente provvedervi entro il termine di 60 giorni dalla sottoscrizione, dandone contestuale comunicazione alla società.

Il tempestivo deposito è condizione per la sua approvazione da parte della FIGC.

Da sapere, in particolare, che il calciatore ha diritto di ottenere dalla società un equo indennizzo qualora il contratto non ottenga l'approvazione da parte della FIGC per fatto non imputabile al calciatore o al suo agente.

Qual è la retribuzione dei calciatori di Serie A?
La risposta è contenuta nell'art. 4 dell'Accordo Collettivo, che ha subìto, nell'ultima contrattazione, un'importante modifica. In pratica, se viene ancora previsto che le società possono convenire con i calciatori una retribuzione fissa ovvero una retribuzione costituita da una parte fissa e da una parte variabile, la novità risiede nel fatto che la parte variabile (quella, cioè, legata al conseguimento di risultati sportivi individuali o di squadra) non può eccedere, per ogni stagione sportiva di durata del contratto, separatamente considerata, il 100% di quella fissa annua, qualora quest'ultima sia stata concordata fino all'importo di 400 mila euro lordi; se la parte fissa non supera i 400 mila euro lordi, la parte variabile non avrà, invece, alcuna limitazione. La parte variabile, infine, non avrà alcuna limitazione in caso di stipula di primo contratto da professionista.

Il vecchio accordo prevedeva, invece, che la parte variabile non potesse, in nessun caso, essere superiore al 50% di quella fissa.

Nel contratto la retribuzione deve essere indicata al lordo o al netto?
Secondo il nuovo Accordo Collettivo, la retribuzione

può essere solo espressa al lordo. Anche in passato, in verità, la retribuzione doveva essere espressa al lordo, ma veniva fatta salva la facoltà delle parti di specificare, oltre all'importo lordo, anche il corrispondente netto e, in tale ultimo caso, se l'intesa tra le parti medesime fosse intervenuta sul lordo o sul netto. La *ratio* della novità è da individuarsi nella possibilità, da parte degli organi competenti, di effettuare un maggiore controllo sui bilanci delle società professionistiche.

I premi collettivi da chi vengono pattuiti?
I premi collettivi, cioè i premi legati al conseguimento di risultati sportivi di squadra (ad esempio, premio promozione, salvezza, scudetto), sono pattuiti da un rappresentante della società munito dei necessari poteri e dai calciatori tesserati, ovvero da almeno tre di loro muniti di procura rilasciata dagli altri in forma scritta.

Gli accordi raggiunti vanno depositati, insieme all'eventuale procura, presso la Lega Nazionali Professionisti di Serie A a cura della società entro 20 giorni dalla chiusura del periodo dei trasferimenti di gennaio.

Nella pratica, come devono essere pagati gli stipendi dei calciatori?
Con l'ultimo accordo, i pagamenti di quanto dovuto ai calciatori non possono più essere effettuati con assegni circolari, ma esclusivamente tramite bonifico presso l'istituto bancario indicato dal calciatore all'atto della sottoscrizione del contratto. Anche tale novità dovrebbe permettere maggiore trasparenza sui movimenti di denaro tra società e calciatori.

Le somme da corrispondere al calciatore devono comprendere ogni emolumento, indennità o assegno cui il calciatore abbia diritto a titolo di corrispettivo, anche in occasione di trasferte, gare notturne ed eventuali ritiri e qualsiasi ulteriore indennità o trattamento spettante al calciatore in forza di legge o di contratto.

E se la società dovesse ritardare nel provvedere al bonifico?
Premettendo che la retribuzione, nella sua parte fissa, deve essere corrisposta entro il giorno 20 del mese solare successivo in ratei mensili posticipati di uguale importo, in caso di morosità di oltre un mese il calciatore avrà diritto alla rivalutazione monetaria secondo gli indici ISTAT per la scala mobile per i lavoratori dell'industria, oltre al pagamento degli interessi legali, che dovranno essere calcolati sull'importo netto, a decorrere dal primo giorno successivo a quello in cui il pagamento avrebbe dovuto essere effettuato.

L'obbligo da parte della società di versamento dello stipendio ai calciatori in quali casi può essere sospeso?
Viene sospeso, previa preliminare comunicazione per telegramma o altro mezzo anche informatico, a partire dalla data di decorrenza della sanzione, nei casi in cui il calciatore subisca provvedimenti disciplinari interdittivi dell'attività sportiva per effetto di sanzioni derivanti da illeciti sportivi e in materia di divieto di scommesse e di pratiche di doping, oltre che nei casi di indisponibilità del calciatore per effetto di provvedimenti, anche se solo temporanei, disposti dall'autorità giudiziaria.

Nei suddetti casi, la società potrebbe ottenere, previo ricorso al Collegio Arbitrale, anche l'interdizione del calciatore dalla partecipazione agli allenamenti.

Può una società di calcio di Serie A escludere dagli allenamenti un calciatore della prima squadra?
La risposta è rinvenibile nell'art. 7, comma 1 dell'Accordo Collettivo, ai sensi del quale la società, oltre a fornire al calciatore le attrezzature idonee alla preparazione e a mettere a sua disposizione un ambiente consono alla sua dignità professionale, non può negare al calciatore il diritto di partecipare agli allenamenti e alla preparazione precampionato con la prima squadra, in pratica non può metterlo «fuori rosa».

E se il calciatore venisse meno ai suoi obblighi contrattuali verso la società?
In tal caso, il calciatore potrebbe subire, come provvedimento sanzionatorio *ex* art. 11 dell'Accordo Collettivo, l'esclusione temporanea dagli allenamenti o dalla preparazione precampionato con la prima squadra.

In altre parole, il calciatore non può essere confinato ad allenarsi in un campetto secondario se non per «punizione», in quanto l'art. 7 mira a tutelare la dignità professionale del calciatore che, come detto, verrebbe violata in caso di esclusione ingiustificata dagli allenamenti e dalla preparazione precampionato con la prima squadra.

In caso di esclusione ingiustificata dagli allenamenti, il calciatore come può tutelare i propri diritti?
Quando viene violato da parte della società il sud-

detto art. 7, comma 1 dell'Accordo Collettivo, il calciatore può diffidare per iscritto la società, invitandola ad adempiere, cioè a reintegrare il calciatore nel gruppo della prima squadra. Qualora la società non adempia spontaneamente entro il termine perentorio di 3 giorni dalla ricezione della diffida, il calciatore può adire il Collegio Arbitrale per ottenere a sua scelta la reintegrazione ovvero la risoluzione del contratto.

In caso di esclusione ingiustificata dagli allenamenti, il calciatore ha anche diritto al risarcimento del danno?
Sì. Il calciatore, sia che ottenga la reintegrazione ovvero la risoluzione contrattuale, ha anche diritto al risarcimento del danno in misura non inferiore al 20% della parte fissa della retribuzione annua lorda.

Quali sono i principali doveri del calciatore previsti dall'Accordo Collettivo di Serie A?
Innanzitutto, è bene evidenziare che al diritto di partecipare agli allenamenti e alla preparazione precampionato con la prima squadra (sancito dal comma 1 dell'art. 7) corrisponde diametralmente il dovere del calciatore (come previsto dal comma 2 dello stesso art. 7) di partecipare a tutti gli allenamenti nelle ore e nei luoghi fissati dalla società, nonché a tutte le gare ufficiali o amichevoli che la società stessa intenda disputare sia in Italia che all'estero. Quindi, se da una parte viene ancora ribadito il principio della tutela della dignità professionale del calciatore (escludendo la possibilità per la società di far allenare separatamente i cosiddetti fuori rosa), dall'altra viene sancito il dovere per i calciatori di non sottrarsi né agli alle-

namenti né alle partite della propria squadra, salvi i casi di malattia o infortunio accertati.

Il calciatore professionista si deve anche astenere dallo svolgere altre attività sportive, lavorative o imprenditoriali in costanza di contratto, salvo che non venga preventivamente autorizzato per iscritto dalla società.

L'autorizzazione allo svolgimento di altra attività lavorativa o imprenditoriale può essere negata se incompatibile con l'esercizio dell'attività agonistico-sportiva e l'eventuale diniego della società dovrà essere motivato e comunicato entro 45 giorni dal ricevimento della richiesta di autorizzazione.

Il calciatore deve, inoltre, curare la propria integrità psicofisica, astenendosi da qualsiasi attività che possa mettere a rischio la sua incolumità e la sua migliore condizione psicofisica.

È tenuto, infine, a sottoporsi ai prelievi e ai controlli medici predisposti dalla società, dal CONI e dalla FIGC per la migliore tutela della sua salute e per la lotta al doping.

Esistono anche regole comportamentali specifiche che il calciatore è tenuto a osservare, vale a dire quelle elencate nell'art. 10 dell'Accordo Collettivo. Per prima cosa il calciatore deve osservare le istruzioni tecniche impartite dalla società, deve, inoltre, rispettare il dovere di fedeltà, non deve tenere comportamenti che possano pregiudicare l'immagine della società, deve custodire con diligenza gli indumenti e tutti i materiali sportivi messi a disposizione dalla società e, infine, non ha diritto di interferire nelle scelte tecniche, gestionali e aziendali della società.

Quando possono essere sanzionati i calciatori di Serie A?
Tutte le volte in cui vengano meno ai loro obblighi contrattuali verso la società di appartenenza o violino gli obblighi contenuti nei regolamenti federali o in altre fonti normative.

Quali sono le sanzioni applicabili ai calciatori?
I provvedimenti sanzionatori, da graduare in relazione alla gravità dell'inadempimento, sono i seguenti: l'ammonizione scritta, la multa, la riduzione della retribuzione, l'esclusione temporanea dagli allenamenti o dalla preparazione precampionato con la prima squadra e la risoluzione del contratto.

Da rilevare che, mentre nel mondo del lavoro in generale le sanzioni sono sempre applicate direttamente dal datore di lavoro, nel calcio le sanzioni sono applicate direttamente dalla società solo se trattasi di sanzioni «leggere», altrimenti occorre seguire le procedure previste dal Regolamento del Collegio Arbitrale.

L'ammonizione scritta, consistente nell'intimazione al calciatore di non ricadere in futuro nel medesimo inadempimento contestatogli, è applicata direttamente dalla società, entro il termine perentorio di 20 giorni dalla conoscenza del fatto, previa contestazione scritta dell'addebito e sentita la difesa del calciatore nei 5 giorni successivi alla contestazione.

La multa può essere applicata direttamente dalla società, sempre entro 20 giorni e sentita la difesa del calciatore, a condizione che l'importo della sanzione non sia superiore al 5% di un dodicesimo della retribuzione fissa annua lorda.

In ogni caso, la multa non può essere superiore al 25% di un dodicesimo della retribuzione fissa annua lorda e, nell'ipotesi di cumulo di più infrazioni commesse nello stesso mese, non può comunque eccedere il 50% del dodicesimo della retribuzione fissa annua lorda.

Nel caso di esclusione temporanea del calciatore dagli allenamenti o dalla preparazione precampionato con la prima squadra, la società ha facoltà di disporre in via provvisoria e diretta l'esclusione, purché contestualmente inoltri al calciatore e al Collegio Arbitrale la relativa proposta di irrogazione della sanzione. Nel medesimo procedimento il calciatore potrà richiedere la reintegrazione o la risoluzione del contratto.

In caso di squalifica da parte degli organi della Giustizia Sportiva nazionale o internazionale, la società potrà infliggere al calciatore squalificato la sanzione consistente nella riduzione della retribuzione lorda, per il periodo corrispondente alla durata della squalifica, che non potrà superare il 50% della retribuzione dovuta per tale periodo.

Quanto alla risoluzione del contratto, è da segnalare la seguente novità: nel caso di cessione temporanea del calciatore, alla risoluzione consegue il diritto della società cedente di pretendere il ripristino, con decorrenza dalla data di risoluzione, dell'originario rapporto tra essa e il calciatore fino al termine originariamente previsto per tale rapporto.

Cosa accade in caso di squalifica per doping?
In questo caso, diversamente da quanto previsto nel vecchio accordo, la riduzione della retribuzione, in alternativa all'azione di risoluzione del contratto, potrà essere pari all'intera retribuzione, fissa e variabile, dovuta per il periodo di durata della squalifica, con

decorrenza dalla sospensione cautelare deliberata dagli organi di giustizia sportiva.

Che cosa possono comportare la malattia e l'infortunio del calciatore?

L'Accordo Collettivo distingue, anzitutto, tra inidoneità e inabilità del calciatore.

L'inidoneità viene definita come la condizione morbosa del calciatore che ne rende totalmente impossibile la prestazione lavorativa a titolo definitivo o temporaneo; l'inabilità è, invece, intesa come la condizione morbosa del calciatore che, pur non implicando l'impossibilità totale di rendere la prestazione, è comunque tale da non consentirgli di partecipare ad allenamenti che non siano esclusivamente di recupero funzionale.

Mentre l'inidoneità deve essere certificata dalla competente ASL o equivalente struttura pubblica, l'inabilità deve essere certificata da un medico sportivo che, su istanza della società, è nominato dal Collegio Arbitrale.

Qualora l'inabilità del calciatore per malattia o infortunio, ovvero la sua inidoneità, si protraggano oltre i 6 mesi, la società potrà richiedere al Collegio Arbitrale la risoluzione del contratto ovvero la riduzione alla metà della retribuzione maturanda dalla data della richiesta fino alla cessazione dell'inabilità e comunque non oltre il termine di scadenza del contratto.

Nel caso in cui la malattia o l'infortunio dovessero determinare l'inidoneità definitiva del calciatore, la società ha diritto di richiedere immediatamente al Collegio Arbitrale la risoluzione del contratto.

A chi spetta l'assistenza sanitaria del calciatore malato o infortunato?
Il calciatore deve potersi avvalere, senza oneri e spese, dell'assistenza sanitaria primaria che la società è tenuta a mettergli a disposizione.

Qualora il calciatore volesse avvalersi di una assistenza sanitaria diversa, sarà tenuto a darne tempestiva comunicazione scritta alla società e dovrà affidarsi a strutture di specchiata professionalità e chiara fama.

Il calciatore ha diritto al riposo settimanale?
Come tutti i lavoratori il calciatore ha diritto a un giorno di riposo alla settimana, ma, a differenza di quasi tutti gli altri lavoratori, tale giorno di riposo non coincide con la domenica (il giorno della partita di campionato!), bensì con uno dei primi due giorni della settimana (quindi il lunedì o il martedì).

E il riposo annuale?
Sì, il calciatore ha diritto a un periodo di riposo annuale che dovrà avere una durata minima di 4 settimane (comprensive dei giorni festivi e di riposo settimanale), verrà determinato dalla società in relazione alle esigenze dell'attività sportiva e dovrà normalmente avere carattere continuativo.

Alla società viene riservato il diritto di richiamare il proprio calciatore in sede durante il periodo di riposo annuale. Qualora ciò avvenga, la società è tenuta a rimborsare all'atleta le spese di viaggio sia per il rientro in sede, sia per il ritorno alla località ove il calciatore stava trascorrendo le ferie.

I giorni di riposo annuale non goduti saranno recuperabili: il calciatore ha, infatti, diritto di usufruire, in altro periodo dell'anno, dei giorni di riposo annuale non goduti a causa del richiamo in sede da parte della società.

Il calciatore ha diritto al congedo matrimoniale?
Sì, il calciatore ha diritto a un congedo matrimoniale retribuito di almeno 5 giorni consecutivi; il periodo di godimento del congedo inizia nel giorno precedente il matrimonio, ma tenuto conto delle esigenze dell'attività agonistica, potrà essere concesso o completato entro 30 giorni dopo il matrimonio.

Il calciatore ha diritto ai contributi previdenziali e all'indennità di fine carriera?
La risposta è affermativa. Al calciatore spettano, infatti, sia i contributi previdenziali, versati dalla società, per l'assicurazione contro invalidità, vecchiaia e superstiti e quella contro le malattie, sia l'indennità di fine carriera, in quanto la società è tenuta a versare un contributo sulla retribuzione lorda del calciatore al fondo di accantonamento dell'indennità di carriera istituito presso la FIGC.

SUI TRASFERIMENTI INTERNAZIONALI DEI CALCIATORI

L'attività dell'agente dei calciatori non è più ancorata ai confini nazionali, soprattutto dopo la famosa sentenza Bosman, la quale ha, certamente, costituito una sorta di spartiacque tra la vecchia e la nuova industria del calcio.

Ricordiamo brevemente cosa accadde.

La sentenza emessa dalla Corte di Giustizia delle Comunità Europee il 15 dicembre 1995 prese il nome del belga Jean-Marc Bosman, calciatore in scadenza di contratto con la società RFC Liège e ormai deciso a trasferirsi, la stagione seguente, ai francesi del Dunkerque. Tuttavia, la squadra belga rifiutava di far partire gratuitamente il suo giocatore senza il compenso, com'era prassi, da versare per i giocatori in scadenza di contratto. Inoltre, la società di Liegi ridusse l'ingaggio di Bosman, spingendolo, addirittura, ai margini della squadra. Bosman, in accordo con la società francese, si rivolse allora alla Corte di Giustizia Europea. Dopo una dura battaglia, il calciatore vinse il processo e la Corte stabilì che il sistema fino ad allora in piedi costituiva una restrizione alla libera circolazione dei lavoratori in contrasto con l'art. 39 del Trattato di Roma.

Come conseguenza immediata a Bosman e a tutti i calciatori dell'Unione Europea fu permesso di trasferirsi gratuitamente alla scadenza naturale del contratto a un altro club e, inoltre, fu stabilito che un calciatore avrebbe potuto accordarsi con una nuova società 6 mesi prima della regolare scadenza del suo contratto.

In generale, a seguito dell'eliminazione delle barriere geografiche sui mercati calcistici, è avvenuta un'effettiva liberalizzazione del mercato del lavoro per i calciatori, resi liberi di fornire le loro prestazioni sportive al miglior offerente a livello globale. Ne è derivato un cambiamento radicale del rapporto tra calciatori e società, essendosi notevolmente modificato a favore dei primi che, anche grazie all'avvento di una figura innovativa come quella del procuratore, hanno iniziato a spuntare delle condizioni contrattuali più vantaggiose.

Ebbene, il «temuto» agente ha varcato i confini nazionali per tentare di prendere sotto la propria ala protettiva calciatori professionisti o giovani promesse in campionati esteri più o meno importanti.

Per fare ciò, oggi, l'agente è chiamato a conoscere perfettamente tutte le norme che regolano il mondo del calcio a livello internazionale.

Un regolamento su tutti: quello della FIFA «sullo status e sul trasferimento dei calciatori» con i relativi allegati che ne formano parte integrante, adottato dal Comitato Esecutivo ai sensi dell'art. 5 dello Statuto FIFA il 19 ottobre 2003.

È, infatti, opportuno che l'agente dei calciatori (e anche chi intenda sostenere l'esame per il conseguimento della licenza!) sappia alla perfezione quante volte un calciatore può essere tesserato nell'arco della stessa stagione sportiva, quali sono i periodi di tesseramento stabiliti dalla FIFA, che cos'è il passaporto del calciatore, che cosa prevedono le norme sulla risoluzione di un contratto di prestazione sportiva senza giusta causa, qual è la durata dei contratti fra calciatori professionisti e società, come sono regolati i trasferimenti internazionali dei calciatori minorenni, quali sono le competenze della FIFA in ambito giurisdizionale, come si calcolano l'indennità di formazione e il meccanismo di solidarietà, quando devono essere rilasciati i calciatori per le squadre nazionali, che cos'è il Transfer Matching System (TMS) e tanto altro ancora.

Il suddetto regolamento, quanto all'ambito di applicazione, contiene regole generali e vincolanti inerenti allo status e all'idoneità dei calciatori a partecipare al calcio organizzato (vale a dire, il calcio delle Federazioni organizzato sotto gli auspici della FIFA, delle Confederazioni e delle Federazioni, o da loro autorizzato) e al loro trasferimento fra società che appartengono a Federazioni diverse.

Viene disciplinata, nello stesso regolamento, la messa a disposizione dei calciatori per le rappresentative nazionali, le cui norme devono essere conosciute non solo dai calciatori, ma anche da chi rappresenta i loro interessi.

Di seguito le domande alle quali un agente dei calciatori e un candidato alla prova di idoneità dovrebbero saper dare risposta senza alcun tentennamento.

Chi è un calciatore professionista?
Secondo la FIFA, possiede lo status di «professionista» il calciatore che abbia stipulato un contratto scritto con una società e che in cambio della propria prestazione sportiva riceva un pagamento superiore alle spese effettivamente sostenute nell'esercizio della prestazione calcistica.

Tutti gli altri calciatori sono da considerarsi come calciatori dilettanti.

Se un calciatore professionista vuole riacquisire lo status di dilettante non può essere tesserato di nuovo come dilettante prima che siano trascorsi almeno 30 giorni dalla sua ultima partita come professionista.

I calciatori per quante società possono essere tesserati nel corso della stessa stagione?
Premesso che i calciatori possono essere tesserati soltanto presso una società alla volta, nel corso della stessa stagione sportiva possono, comunque, essere tesserati presso un massimo di tre società.

Come regola generale, però, il calciatore può disputare partite ufficiali durante la stessa stagione soltanto per due società.

In deroga alla suddetta regola, se il calciatore viene trasferito tra due società appartenenti a Federazioni con stagioni sovrapposte (ad esempio, inizio della stagione in estate/autunno rispetto a inverno/primavera), viene concessa al calciatore stesso la possibilità di disputare incontri ufficiali per una terza società durante la stagione interessata.

Il Regolamento FIFA, infine, dispone che, in ogni caso, un calciatore non può disputare partite ufficiali per più di due società che competono nello stesso campionato nazionale o coppa durante la stessa stagione.

In quali periodi possono essere tesserati i calciatori professionisti?
Secondo il Regolamento FIFA, i periodi di tesseramento sono due e sono quelli stabiliti dalla Federazione nazionale. Solo in uno dei due periodi i calciatori possono essere tesserati, fatta eccezione per il professionista il cui contratto sia giunto a scadenza prima del termine del periodo di tesseramento, nel qual caso il tesseramento è possibile al di fuori di tale periodo.

Il periodo di tesseramento – stabilisce la FIFA – comincia dopo il termine della stagione agonistica e si conclude di regola prima dell'inizio della nuova stagione e tale periodo non può superare le 12 settimane. Il secondo periodo, invece, cade di regola a metà stagione e non può superare le 4 settimane.

Per i calciatori dilettanti non si applicano le suddette disposizioni, ma saranno le singole Federazioni a indicare i periodi durante i quali i calciatori dilettanti possono essere tesserati.

Che cos'è il passaporto del calciatore?
È una sorta di «carta d'identità» agonistica del calciatore, utile e necessaria per conoscere le società presso le quali un calciatore si è formato calcisticamente.

In base al Regolamento FIFA, la Federazione che provvede al tesseramento è tenuta a fornire alla società per la quale il calciatore è tesserato il «passaporto del calciatore», che, appunto, deve indicare tutte le società per le quali il calciatore in questione è stato tesserato a partire dalla stagione in cui ha compiuto il dodicesimo anno di età. Qualora il giorno del compleanno – precisa la FIFA – cada a cavallo tra due stagioni, nel passaporto dovrà essere indicato il nome della società presso la quale il calciatore è stato tesserato nella stagione successiva al suo compleanno.

L'importanza di questo «documento» rileva in tutti i casi in cui occorra ricostruire la carriera agonistica di un giovane calciatore per calcolare correttamente l'indennità di formazione e il contributo di solidarietà, pagamenti da corrispondere alla/alle società che hanno provveduto alla formazione del calciatore stesso.

Un calciatore professionista può essere ceduto in prestito a un'altra società?
Sì, sulla base di un contratto scritto fra il calciatore e le società interessate. Si applicano le stesse regole previste per i trasferimenti dei calciatori.

La durata minima del prestito è quella che intercorre fra due periodi di tesseramento.

La società che ha preso in prestito un calciatore non può però trasferirlo a una terza società, se mancano l'autorizzazione scritta della società che lo ha ceduto in prestito e il consenso del calciatore.

Che cos'è il certificato di trasferimento internazionale?
È il «documento» che consente ai calciatori di essere tesserati presso una nuova Federazione. Il tesseramento è possibile solo quando la nuova Federazione abbia ricevuto il Certificato di Trasferimento Internazionale (CTI) dalla Federazione di provenienza.

Il CTI deve essere rilasciato a titolo gratuito e non

è richiesto né per la disputa di partite di prova né per i calciatori al di sotto dei 12 anni di età.

Il contratto tra calciatore professionista e società quando può cessare?

È da premettere che, secondo il Regolamento FIFA in esame, ogni Federazione è tenuta a recepire nei propri regolamenti il principio del mantenimento della stabilità contrattuale fra calciatori professionisti e società, principio generale secondo il quale i contratti devono essere rispettati.

Il contratto fra un professionista e una società può, pertanto, cessare solo alla sua scadenza o previo accordo tra le parti.

Altri principi dettati dal Regolamento sono i seguenti: il principio secondo cui i contratti possono essere risolti da entrambe le parti senza conseguenze ove sussista una giusta causa, il principio secondo cui i contratti possono essere risolti dai professionisti ove sussista una giusta causa sportiva, il principio secondo cui i contratti non possono essere risolti nel corso della stagione agonistica, il principio secondo cui in caso di risoluzione di un contratto senza giusta causa sia prevista la corresponsione di un indennizzo e, se la risoluzione avviene durante il cosiddetto periodo protetto, di una sanzione sportiva nei confronti della parte inadempiente.

In che cosa consiste la risoluzione del contratto per giusta causa sportiva?

È consentita – secondo il regolamento della FIFA – la facoltà di risolvere il contratto prima della scadenza naturale dello stesso solo al calciatore affermato, quando quest'ultimo nel corso della stagione agonistica abbia disputato meno del 10% delle gare ufficiali alle quali ha partecipato la società di appartenenza. In tal caso si parla di risoluzione del contratto per giusta causa sportiva.

È una facoltà concessa non a tutti i calciatori professionisti, ma solo a quelli considerati «affermati».

La normativa FIFA non fornisce parametri per valutare se un calciatore possa o meno qualificarsi come affermato.

La risoluzione per giusta causa sportiva può avvenire nel corso della stagione sportiva?

No. È consentita solo al termine della stagione sportiva (il calciatore – stabilisce la norma del Regolamento – può rescindere dal contratto per giusta causa sportiva nei 15 giorni successivi all'ultima gara ufficiale della stagione disputata per la società presso la quale egli è tesserato). Ciò significa che un calciatore affermato non potrebbe avvalersi della facoltà di risolvere il contratto per giusta causa sportiva solo dopo 4-5 mesi di campionato, lamentando di essere stato impiegato fino a quel momento per meno del 10% delle gare ufficiali disputate dalla società di appartenenza.

Quali sono le conseguenze della risoluzione del contratto senza giusta causa?

La parte che risolve unilateralmente il contratto senza giusta causa sarà tenuta a corrispondere un indennizzo, che dovrà essere calcolato tenendo conto delle leggi nazionali vigenti e di vari criteri oggettivi, quali, ad esempio, la durata residua del contratto in vigore, la remunerazione dovuta al calciatore ai sensi del contratto in vigore e/o del nuovo contratto, gli eventuali esborsi versati dalla società precedente.

Oltre all'indennizzo, può essere prevista l'applicazione di sanzioni sportive a carico del calciatore che rescinda senza giusta causa il contratto durante il periodo protetto (definito dal regolamento come «un periodo di tre stagioni intere o di tre anni, a seconda di quello che comincia per primo, che segue l'entrata in vigore di un contratto, laddove tale contratto sia stato stipulato prima del 28° compleanno del professionista, ovvero un periodo di due stagioni intere o di due anni, a seconda di quello che comincia per primo, che segue l'entrata in vigore di un contratto, laddove tale contratto sia stato stipulato dopo il 28° compleanno del professionista»). Precisamente, la sanzione sportiva consiste nel divieto di partecipare a incontri ufficiali per 4 mesi, che possono diventare 6 in presenza di aggravanti.

Va evidenziato che le sanzioni sportive rimarranno sospese per il periodo che va dall'ultima partita ufficiale della stagione alla prima partita ufficiale della nuova stagione, includendo, in entrambi i casi, le coppe nazionali e le competizioni internazionali per società. Questa sospensione non sarà applicabile solo nel caso in cui il calciatore sia elemento consolidato della rappresentativa nazionale e qualora la Federazione interessata stia partecipando alle fasi finali di un torneo internazionale nel periodo che va dall'ultima partita ufficiale della stagione alla prima partita ufficiale della nuova stagione.

Salvo dimostrazione del contrario, la società che tessera il professionista che ha rescisso il proprio contratto senza giusta causa si presume abbia indotto il calciatore a commettere tale violazione. La sanzione a carico della società consisterà nel divieto di tesserare nuovi calciatori, sia a livello nazionale che internazionale, per una durata pari a due periodi di tesseramento.

È da sapere che l'applicazione di sanzioni è, altresì, prevista per l'agente di calciatori che abbia favorito o indotto una risoluzione unilaterale del contratto durante il periodo protetto.

Quali sono la durata minima e massima del contratto di un calciatore professionista?

Il contratto di un calciatore professionista deve avere una durata minima pari al periodo che ha inizio dalla data del tesseramento fino alla fine della stagione e una durata massima di 5 anni, salvo diversa disciplina prevista dalle singole Federazioni nazionali (in Italia la durata massima è 5 anni).

I calciatori minori, cioè quelli che non hanno ancora compiuto il diciottesimo anno di età, non possono stipulare contratti da professionisti per un periodo superiore ai 3 anni ed eventuali clausole che sanciscano un periodo più esteso non saranno ritenute valide.

I trasferimenti internazionali dei minori sono sempre consentiti?

Come regola generale – in base a quanto dispone il Regolamento FIFA per lo status e il trasferimento dei calciatori – i trasferimenti internazionali dei calciatori sono consentiti solo se il calciatore ha superato il diciottesimo anno di età.

Alla regola generale sono, tuttavia, applicabili tre

eccezioni che consentono il trasferimento dei calciatori minori, cioè di età inferiore a 18 anni.

Sinteticamente, le eccezioni sono le seguenti:

1) i genitori del calciatore minore si trasferiscono nel Paese della nuova società per motivi indipendenti dal calcio (ad esempio, per motivi di lavoro);

2) si tratta di un trasferimento che avviene all'interno della UE o della AEE e il calciatore ha un'età compresa fra i 16 e i 18 anni; in tal caso, la nuova società dovrà garantire al giovane atleta un'adeguata formazione scolastica in aggiunta a quella calcistica e, in generale, assicurare al calciatore ottime condizioni di vita (ad esempio, ospitando il giovane presso una struttura della società);

3) il calciatore vive in una località distante al massimo 50 chilometri dal confine nazionale e la società della Federazione confinante, interessata al tesseramento, si trova a 50 chilometri dallo stesso confine. In questo caso il calciatore continuerà a vivere presso il proprio domicilio e le due Federazioni interessate saranno tenute a dare il loro esplicito consenso.

Le regole suddette si applicano anche in caso di primo tesseramento dei calciatori che hanno una nazionalità diversa da quella del Paese al quale richiedono di essere tesserati per la prima volta.

Qual è la procedura che deve essere seguita per trasferire da una Federazione all'altra un calciatore minore?

È abbastanza complessa e rigorosa. In linea generale, ogni trasferimento internazionale di minori è soggetto all'approvazione di una sottocommissione che viene nominata all'uopo dalla Commissione per lo Status dei Calciatori, la cui approvazione deve essere ottenuta prima di una qualsiasi richiesta di CTI (Certificato di Trasferimento Internazionale) inoltrata dalla Federazione di destinazione, quella, cioé, che desidera tesserare il calciatore.

Le eventuali violazioni della procedura sono sanzionate dalla Commissione disciplinare della FIFA.

Quali sono le competenze della FIFA in ambito giurisdizionale?

Fermo restando il diritto dei calciatori o delle società di rivolgersi a un tribunale civile per le controversie in materia di rapporti di lavoro, la FIFA è competente per:

1) le controversie fra società e calciatori in relazione al mantenimento della stabilità contrattuale o relative al rilascio del Certificato di Trasferimento Internazionale (la competenza è della Camera di Risoluzione delle controversie);

2) le controversie fra la società e il calciatore in materia di rapporti di lavoro di carattere internazionale, a meno che non ci sia un arbitrato indipendente nazionale all'interno della Federazione e/o del Contratto Collettivo Nazionale che garantisca un giusto processo e il rispetto del principio di parità di rappresentanza dei calciatori e delle società (la competenza è della Camera di Risoluzione delle controversie);

3) le controversie fra la società e un allenatore che abbiano una dimensione internazionale in materia di rapporti di lavoro, a meno che non ci sia un arbitrato indipendente nazionale che garantisca un giusto processo (la competenza è della Commissione per lo Status dei Calciatori);

4) le controversie relative all'indennità di formazione e al meccanismo di solidarietà fra società apparte-

nenti a Federazioni diverse (la competenza è della Camera di Risoluzione delle controversie);

5) le controversie relative al meccanismo di solidarietà fra società appartenenti alla stessa Federazione nel caso in cui il trasferimento del calciatore oggetto della controversia avvenga tra club appartenenti a differenti Federazioni (la competenza è della Camera di Risoluzione delle controversie).

Può un calciatore professionista rifiutare la convocazione in nazionale della Federazione di appartenenza?
La risposta è negativa. Ogni calciatore tesserato per una società ha, infatti, l'obbligo di rispondere affermativamente alla convocazione in nazionale proveniente dalla Federazione che egli ha il diritto di rappresentare.

Le stesse società sono obbligate a mettere i propri calciatori tesserati a disposizione delle squadre nazionali. Qualsiasi tipo di accordo tra società e calciatore per evitare di rispondere alla chiamata in nazionale è da considerarsi vietato.

E se il calciatore è infortunato?
Se un calciatore, per infortunio o malattia, non è in grado di rispondere alla convocazione della sua nazionale sarà tenuto, in caso di richiesta da parte della Federazione che egli ha il diritto di rappresentare, a sottoporsi a visita medica.

Il medico sarà scelto dalla Federazione stessa. Tuttavia, se il calciatore è tesserato per una Federazione diversa (ad esempio, il calciatore è tesserato in una società inglese, ma ha diritto di rappresentare la nazionale italiana), il calciatore stesso potrà chiedere di essere visitato nel territorio della Federazione presso la quale è tesserato.

E se fosse la società a non mettere a disposizione il calciatore per la nazionale?
In tali casi, la Commissione per lo Status dei Calciatori richiederà alla Federazione di appartenenza della società di dichiarare perse tutte le partite alle quali il calciatore ha partecipato per la società stessa e tutti i punti ottenuti dalla società in questione saranno annullati. Inoltre, ogni partita disputata con il meccanismo delle coppe dovrà essere considerata come vinta dalla squadra avversaria, indipendentemente dal punteggio.

Va rimarcato che il rilascio dei calciatori è obbligatorio solo per le partite elencate nel calendario internazionale coordinato.

Quanto alla messa a disposizione per le nazionali, i calciatori devono essere rilasciati per il periodo di preparazione precedente alla partita, che varia a seconda dell'importanza della competizione. Ad esempio, per partite amichevoli è di 48 ore; per partite di qualificazione a tornei internazionali, 4 giorni (compreso il giorno della partita); per la fase finale di un torneo internazionale, 14 giorni prima della prima partita.

I calciatori che hanno risposto alla convocazione saranno tenuti a rientrare presso la propria società entro le 24 ore successive alla fine della partita per la quale erano stati convocati, termine esteso a 48 ore qualora la gara abbia avuto luogo in una Confederazione diversa da quella a cui la società del calciatore è affiliata.

Le società che rilasciano un calciatore non hanno diritto ad alcun compenso economico e sono tenute a fornire al calciatore tesserato un'adeguata copertura assicurativa per malattia e infortuni per l'intero periodo di rilascio.

Che cos'è il Transfer Matching System?
Il Transfer Matching System o Sistema Elettrico di Trasferimento, meglio conosciuto con l'acronimo inglese TMS, consiste in un sistema integralmente informatizzato con cui è necessario e obbligatorio concludere tutti i trasferimenti internazionali dei calciatori professionisti nonché i tesseramenti/trasferimenti dei minori.

È stato introdotto al Congresso FIFA del 2007 con lo scopo principale di migliorare la trasparenza e l'integrità dei trasferimenti internazionali. È stato, infatti, strutturato in modo da consentire una chiara distinzione tra i vari pagamenti relativi ai trasferimenti internazionali dei calciatori.

Con tale sistema viene garantito che il trasferimento riguardi un calciatore reale e non quindi un calciatore fittizio, utilizzato solo per fini di riciclaggio.

Il TMS è stato pensato anche per rispondere a un altro obiettivo, la tutela dei minori.

In pratica, il TMS è un'applicazione on line attraverso la quale viene generato il certificato elettronico denominato CTI, che ha sostituito a tutti gli effetti il «vecchio» CTI cartaceo.

L'impiego del TMS rappresenta una procedura obbligatoria per tutti i trasferimenti dei calciatori professionisti di sesso maschile nell'ambito del calcio a undici; ne deriva che i tesseramenti di tali calciatori effettuati senza l'utilizzo del TMS saranno da considerarsi nulli e invalidi.

Per il trasferimento dei calciatori professionisti tra Federazioni qual è la procedura amministrativa da seguire?
Il Regolamento FIFA sullo status e sui trasferimenti dei calciatori dispone, anzitutto, che qualsiasi calciatore professionista non può passare da una società appartenente a una determinata Federazione a una società affiliata ad altra Federazione se la Federazione di provenienza non abbia provveduto a generare un CTI (attraverso il sistema del TMS) che sia stato ricevuto dalla Federazione di destinazione.

La richiesta di CTI deve essere inviata, tramite TMS, al più tardi durante l'ultimo giorno del periodo di tesseramento della Federazione di destinazione e la Federazione di provenienza che ha generato il CTI è, inoltre, tenuta a caricare una copia del passaporto del calciatore da inviare alla Federazione di destinazione.

Entro 7 giorni dal ricevimento della richiesta di CTI, la Federazione di provenienza, seguendo le istruzioni del TMS, sarà tenuta o a creare il CTI a favore della Federazione di destinazione oppure a respingere la richiesta di CTI e informare la Federazione di destinazione in merito al fatto che il CTI non può essere creato in quanto il contratto tra la società di provenienza e il calciatore professionista non è ancora giunto a scadenza, oppure non si è pervenuti a un accordo in merito a una eventuale risoluzione anticipata dello stesso contratto.

Qualora la Federazione di destinazione non riceva alcuna risposta alla richiesta di CTI entro 30 giorni dalla richiesta stessa, sarà tenuta a tesserare immediatamente il calciatore professionista presso la società di destinazione su base provvisoria (cosiddetto tesseramento provvisorio).

È da evidenziare che la Federazione di provenienza non è tenuta a provvedere alla creazione di un CTI qualora tra la società precedente e il calciatore professionista sia insorta una controversia contrattuale; in siffatta ipotesi, il calciatore, la società precedente e/o quella di destinazione potranno inoltrare reclamo innanzi alla FIFA, che deciderà se emettere un CTI o imporre sanzioni sportive entro 60 giorni.

Le norme procedurali suddette si applicano anche per i prestiti di calciatori professionisti.

Bisogna sapere, infine, che la procedura amministrativa dei calciatori tra Federazioni avviene al di fuori del TMS quando riguarda i calciatori di sesso maschile dilettanti che partecipano al calcio a undici, tutte le calciatrici e i praticanti il calcio a cinque (futsal).

Che cos'è l'indennità di formazione?
È l'indennizzo che deve essere corrisposto ai club che hanno provveduto alla formazione calcistica di giovani calciatori.

Secondo la normativa FIFA, il periodo di formazione di un giovane calciatore avviene tra i 12 e i 23 anni e, in linea generale, l'indennità di formazione deve essere corrisposta fino al ventitreesimo anno di età per la formazione sportiva ricevuta fino all'età di 21 anni, salvo che non risulti palese che il calciatore abbia già ultimato il suo periodo di formazione prima del compimento del ventunesimo anno di età; in tale ultimo caso, l'indennità di formazione deve essere corrisposta fino al termine della stagione in cui il calciatore compie 23 anni, con l'accordo che il calcolo dell'ammontare dell'indennità dovuta si effettuerà sulla base degli anni compresi tra i 12 e l'età in cui si constata che il calciatore ha realmente completato la propria formazione calcistica.

Al fine di calcolare l'indennità dovuta per i costi di formazione, le Federazioni devono classificare le loro società in un massimo di quattro categorie, a seconda dell'entità della spesa che ciascun club destina alla formazione dei giovani calciatori. A tale fine esiste una tabella dove vengono riportate le categorie in cui le Federazioni (ad esempio, la FIGC) facenti capo a ciascuna Confederazione (ad esempio, la UEFA) devono suddividere i propri club e dove viene anche indicato l'importo dell'indennità applicabile alle varie categorie di club all'interno di ciascuna Confederazione (ad esempio, per una società di prima categoria italiana – come il Milan – il costo di formazione annuale è pari a 90.000 dollari).

I suddetti costi di formazione sono pubblicati sul sito della FIFA (www.fifa.com) e devono essere aggiornati alla fine di ogni anno solare.

Quando è dovuta l'indennità di formazione?
Quando un calciatore viene tesserato per la prima volta come professionista; in tal caso, la società che lo tessera deve versare l'indennità, entro 30 giorni dalla data di tesseramento, a tutte le società presso le quali il calciatore era stato precedentemente tesserato contribuendo alla sua formazione calcistica a partire dalla stagione del dodicesimo compleanno del giovane calciatore.

L'indennità di formazione è, inoltre, dovuta quando un professionista viene trasferito fra società appartenenti a due Federazioni diverse; in tal caso, l'indennità di formazione è dovuta solo alla società precedente per il periodo in cui il calciatore è stato effettivamente formato per quella società.

Quando non è dovuta l'indennità di formazione?
Non è dovuta per i trasferimenti da dilettante a dilettante o per quelli da professionista a dilettante, quando la società precedente risolva il contratto con il calciatore senza giusta causa, ovvero quando il calciatore sia trasferito a una società di quarta categoria.

Come si calcola l'indennità di formazione?
È bene premettere che i calcoli sull'indennità di formazione non sono semplici, tanto da rappresentare uno scoglio importante sia per gli aspiranti agenti FIFA in sede d'esame che per gli stessi operatori di mercato (agenti e direttori sportivi).

Il criterio generale dettato dal Regolamento FIFA è il seguente: per calcolare l'indennità di formazione dovuta alla/alle società precedenti occorre considerare i costi che sarebbero stati sostenuti dalla società di destinazione qualora questa avesse provveduto da sola a formare il calciatore. Ne deriva che, la prima volta che il calciatore viene tesserato come professionista, l'indennità di formazione si calcola tenendo presente i costi di formazione della società di destinazione moltiplicati per il numero di anni di formazione intercorsi, in linea di principio, a partire dalla stagione del dodicesimo compleanno fino a quella del ventunesimo compleanno del calciatore.

Nell'ipotesi di trasferimenti successivi, l'indennità di formazione è da calcolarsi sulla base dei costi di formazione della società di destinazione, moltiplicati per il numero di anni di formazione presso la società precedente.

Alle suddette regole generali vanno applicate delle eccezioni, finalizzate a garantire che l'indennità di formazione dei giovani calciatori non venga fissata a prezzi irragionevolmente elevati; i costi di formazione per le stagioni tra il dodicesimo e il quindicesimo compleanno (ovvero quattro stagioni) vengono, pertanto, calcolati in base ai costi di formazione stabiliti per le società di quarta categoria (ad esempio, 10 mila dollari anziché 90 mila): tale eccezione si applica solamente nel caso che l'evento che dà diritto all'indennità di formazione si verifichi dopo la fine della stagione in cui il calciatore compie il suo diciottesimo compleanno; nel caso si verifichi prima della fine della stagione in cui il calciatore diventa maggiorenne, la suddetta eccezione non trova applicazione.

A calcoli diversi occorre procedere nel caso in cui i calciatori si trasferiscano da una Federazione all'altra all'interno del territorio dell'UE/AEE.

In sostanza, se un calciatore viene trasferito da una società di categoria inferiore a una di categoria superiore, il calcolo sarà fondato sulla media dei costi di formazione delle due società; in caso di trasferimento da una società di categoria superiore a una di categoria inferiore, il calcolo sarà fondato sui costi della società appartenente alla categoria inferiore.

Che cos'è il contributo di solidarietà?
È un altro indennizzo da versare alle società che hanno provveduto alla formazione di un calciatore a partire dal dodicesimo fino al ventitreesimo anno di età.

Solo nell'ambito della vendita di un calciatore professionista, su tutto il compenso – ad eccezione dell'indennità di formazione – che la società acquirente paga alla cedente va calcolato il 5% (cosiddetto contributo di solidarietà), che dovrà essere detratto e versato dalla società che acquista a tutte le società che hanno provveduto alla formazione del calciatore nelle stagioni comprese tra il dodicesimo e il ventitreesimo anno di età sulla base di predefiniti parametri.

Nel caso in cui non fosse possibile stabilire un legame tra il calciatore professionista e le società che lo hanno formato, il contributo di solidarietà deve essere corrisposto alla Federazione o alle Federazioni del Paese o dei Paesi in cui il professionista ha ricevuto la sua formazione e detto contributo sarà utilizzato per sviluppare il calcio giovanile nella/e Federazione/i in questione.

Come sono regolamentati i trasferimenti dei calciatori di calcio a cinque?
La disciplina in materia di status e regolamento dei giocatori di calcio a cinque è contenuta nell'allegato 6 del Regolamento in esame.

È da sapere che un giocatore di calcio a cinque deve essere necessariamente tesserato per una Federazione per poter partecipare al cosiddetto calcio organizzato, vale a dire al calcio a cinque o a undici organizzato sotto gli auspici della FIFA, delle Confederazioni (ad esempio, la UEFA) e delle Federazioni (ad esempio, la FIGC), o autorizzato da esse.

Risulta singolare il fatto che un giocatore del calcio a cinque possa essere contemporaneamente tesserato per una società di calcio a undici. Più precisamente, l'art. 7 del Regolamento FIFA in materia di status e trasferimento dei giocatori di calcio a cinque dispone che un calciatore professionista a contratto con una società di calcio a undici può stipulare un secondo contratto come professionista con un'altra società a cinque solo se ottiene preventivamente l'approvazione scritta dalla società di calcio a undici da cui dipende. Analogamente, un professionista a contratto per una società di calcio a cinque può stipulare un secondo contratto da professionista con un'altra società di calcio a undici solo se ottiene preventivamente l'approvazione scritta della società di calcio da cui dipende.

Nell'allegato viene, infine, sottolineato, che, se da un lato un calciatore può giocare contemporaneamente il calcio a cinque e il calcio a undici, dall'altro un calciatore può rappresentare solo una Federazione sia nel calcio a cinque che nel calcio a undici. In pratica, un calciatore che abbia già rappresentato una Federazione in una competizione ufficiale di calcio a undici o a cinque in qualsiasi categoria non potrà giocare un incontro internazionale con un'altra squadra nazionale.

Parte Seconda

Le testimonianze dei più grandi agenti dei calciatori

Introduzione

Il compito più arduo per un giornalista che si accinge a intervistare agenti di calciatori con esperienza pluriennale è quello di riuscire a condensare in poche pagine una miscellanea di ricordi, emozioni e avvenimenti incredibili. Una mole di aneddoti, storie, mezze verità e altro ancora che accresce l'entusiasmo del giovane che si avvicina a questa professione, incuriosito di sapere come ha cominciato l'agente di Ronaldo, che approccio ebbe colui che scoprì Balotelli, come andò realmente la trattativa tra l'Inter ed Eto'o e così via.

In queste poche pagine abbiamo voluto riunire, scremando di molto i loro ricordi, dieci tra i più affermati agenti di calciatori italiani di oggi; ognuno di loro ha un motivo per essere qui: ha una storia diversa da molte altre, una professionalità fuori dal comune, è un punto di riferimento. E poi, senza voler sembrare saccenti, abbiamo deciso di unire alcuni agenti della vecchia guardia ad altri più giovani, per far vedere che questo mondo è bello quanto variegato.

Nelle pagine che seguono i vari intervistati sono

stati inseriti in rigoroso ordine alfabetico per cognome, per non voler far torto a nessuno.

La cosa che ci preme sottolineare è come, leggendo tra le righe, ancora oggi molti di loro abbiano un *fil rouge* che li unisce e li accomuna: la passione. È questa la base dalla quale partire per creare la propria attività. Viatico imprescindibile per scoprire che l'infradito di Nakata aveva una sorpresa di non poco conto; che la penna che Davide Lippi usa per firmare i propri contratti non è uguale a molte altre; che Rui Costa era una persona molto riservata e che c'è anche chi prende 108 aerei all'anno.

Buona lettura e buon divertimento!

Giuseppe Accardi

L'uomo che offrì Quaresma all'Inter per soli due miliardi e piazzò Grabbi in Inghilterra per 22!

È stato definito in tanti modi: emigrante al contrario, mascotte, giramondo. Ma in fin dei conti Beppe (Giuseppe) Accardi, palermitano del quartiere Zen, dove nacque il 7 marzo 1964, oltre ad essere stato un buon difensore oggi agente di calciatori, nel corso del tempo si è sempre distinto quale primo interprete del «tutto è possibile». La sua carriera calcistica, il cui punto più alto è stata la Serie A con la Reggiana nella stagione 1993-1994, lo ha visto spesso girovagare in Serie B (Campobasso, Licata, Reggiana e Venezia) e nell'allora Serie C (Ravenna, Olbia, Cavese, Foggia, Palermo e Alessandria), ma soprattutto rendersi protagonista di imprese memorabili: lasciato il calcio italiano andò a giocare per un'ultima stagione in Indonesia, con la maglia del Pelita Jaya. Unico nel suo genere, anche per l'avventura albanese nel Lushnja, tra le migliori squadre del campionato locale. E pensare che a 22 anni Giovanni Trapattoni, appena arrivato all'Inter, lo fece ingaggiare dal presidente Pellegrini per mezzo miliardo di euro; salvo poi, pochi mesi dopo, rispedirlo in Serie B al Campobasso: «Finché uno può giocare, meglio provare ogni tipo di esperienza», il suo motto. Una filosofia di vita da perseguire anche per chi vuole fare l'agente di calciatori.

Buongiorno, Accardi: una carriera da giramondo chiusa con l'inizio di una nuova vita, quella da agente di calciatori...
Sono stato fortunato, perché quando smisi di giocare a calcio ebbi subito la possibilità di passare dal campo ad avere un ruolo abbastanza importante in una società di calcio affermata come il Torino. Poi diventò una conseguenza logica, dopo quattro anni, intraprendere la nuova avventura da procuratore. Ho iniziato a lavorare nel 1999-2000 come procuratore assieme ad Antonio Caliendo e a Beppe Galli; è stata sicuramente un'esperienza importante, perché stare a stretto contatto con Caliendo è una cosa che ti apre gli orizzonti e ti insegna molte cose. E poi da lì ho cercato di specializzarmi sui giovani. Io non mi considero un procuratore vero e proprio, la mia passione vera è quella di andare in giro per il mondo a cercare talenti; tante volte li trovi, tante volte sbagli, in altre situazioni accade che magari hai l'imbeccata giusta ma per diverse motivazioni tutto va in fumo. Però questo è anche il bello del calcio: è un mondo talmente variegato, duro e difficile che comunque alla fine ti tiene vivo.

Gli inizi di Accardi: torniamo indietro di tanti anni...
Per un certo periodo ho lavorato da abusivo, perciò

ragazzi in procura non ne avevo. Sicuramente il giocatore più prestigioso che ho avuto e che ho scoperto io è stato Patrice Evra: lo portammo a Marsala e poi al Monza; e lì iniziò la sua carriera che lo ha portato ad essere il capitano della nazionale francese. Però potrei fare tanti altri nomi.

C'è un aneddoto che si ricorda particolarmente su qualche assistito?
Quaresma. Lo abbiamo gestito, all'età di 17 anni, con Hugo Viana. Un giorno li offrimmo assieme a Valdir all'Inter. All'epoca costavano solo due miliardi e mezzo di vecchie lire, ma non furono considerati all'altezza; anche se anni dopo i nerazzurri ingaggiarono Quaresma a 30 milioni di euro. Ma questo fa parte del calcio.

Lei, tra gli altri, oggi in procura ha Kharja e Rinaudo; ma è passato alla storia soprattutto per un trasferimento.
Ho scoperto tanti altri giocatori, ma sicuramente l'operazione più bella che ho fatto nella mia vita è stata quella che ha portato Ciccio Grabbi al Blackburn per 22 miliardi e mezzo di lire dalla Ternana. Il calcio, come vede, ti offre la possibilità di divertirti. L'importante è restare sempre coi piedi per terra ed evitare di cercare pubblicità. Questo è un mondo in cui se l'affronti nel modo giusto ti diverti, guadagni, però non devi mai dimenticare da dove arrivi. Anche perché poi devi trasmettere dei valori forti ai giocatori che andrai a gestire e se non hai questa logica corri serio il rischio di rovinarne tanti.

Il consiglio che darebbe a chi comincia ora la professione?
L'agente deve essere un fratello maggiore, un padre sportivo del ragazzo. Bisogna fargli capire che senza sacrificio non arrivi da nessuna parte. E che il calcio può diventare un lavoro ma non deve prescindere dalla passione e dal sacrificio stesso. Purtroppo viviamo in una realtà dove tante volte, pur di prendere un giocatore in procura, ci si inventa chissà cosa. Così facendo si corre il rischio di rovinare i ragazzi nella crescita professionale e metterli nella condizione di non diventare giocatori importanti, anche se magari ne hanno le qualità.

CAPITOLO II

PATRICK BASTIANELLI

Dalla laurea in Economia alla scoperta di SuperMario Balotelli

La lista potrebbe essere infinita, ma limitiamoci a citare Balotelli, Savio Nsereko, Martins, Andreolli, Seculin, Agazzi, Obinna, Babacar. Cosa hanno in comune tutti questi giocatori? Sono giovani, di talento, e hanno (o hanno avuto) come agente di riferimento Patrick Bastianelli (Portomaggiore, 7 giugno 1976), uno dei più affermati e apprezzati giovani procuratori italiani di oggi. Con calma, parsimonia, e anche un pizzico di fortuna, è riuscito a ritagliarsi un ruolo importante nel mercato di oggi, diventando di fatto l'esempio di come, con professionalità e voglia di fare, anche i giovani possano emergere in un mondo che esternamente sembra chiuso. Con la fortuna di essersi trovato un giorno a Lumezzane: proprio mentre esplodeva il talento di SuperMario Balotelli...

Buongiorno, Bastianelli, cosa l'ha spinta a intraprendere l'attività di agente di calciatori?
L'avventura è cominciata ormai molti anni fa, subito dopo la laurea in Economia e Commercio. Ho sempre avuto una grande passione per il calcio fin da bambino; ma visto che come giocatore non sono andato oltre la seconda categoria, un giorno mi sono detto: «Ma perché non provare a fare il manager sportivo, che è stato sempre il mio sogno?». E così, nel 2003, ho svolto l'esame di agente di calciatori a Roma e al primo colpo sono riuscito a superarlo. E da lì è iniziata una favola che ancora oggi perdura; e ne sono contento.

Ricorda l'esame che sostenne? Era difficile?
Ne ho un ricordo ancora molto vivo, come se l'avessi sostenuto solo ieri. Lo avevo preparato come se fosse un esame universitario, perché oggettivamente presentava delle difficoltà come tutti gli esami. Ma la materia in questione era interessante e utile per quello che poi sarebbe diventato il mio lavoro. E dunque ci misi molta passione, voglia di fare e concentrazione. Andò bene.

Oggi il mondo corre veloce e anche un agente è tenuto a rimanere aggiornato con i tempi...
Assolutamente sì. L'aggiornamento è importante perché i regolamenti e le normative possono cambiare. Ma anche perché le nuove tecnologie possono darti una mano anche nel lavoro: con internet, ad esempio, puoi sondare tramite molti video anche dei giocatori che ti vengono proposti o tessere contatti con persone lontane da te geograficamente.

Com'è la giornata tipo dell'agente Patrick Bastianelli?
La bellezza della mia attività è che non esiste una giornata tipo, ogni giorno è diverso da quello precedente. Il lavoro è basato molto sui rapporti e sulle relazioni che nel tempo vengono costruiti con i calciatori e le società di calcio. Perciò è assai importante coltivarli, magari facendo anche dei viaggi a vuoto. Ma vedrete che poi tutto tornerà utile.

Cosa fa un agente al di fuori dei mesi del calciomercato?
Le giornate sono frenetiche anche nei periodi fuori dalle finestre di calciomercato vere e proprie. Nella maggior parte dei casi, ti muovi in giro per l'Italia o all'estero per vedere partite, svolgere incontri con i propri calciatori o conoscitivi con le società per promuovere i propri assistiti... Insomma, l'attività non si ferma mai, anche perché sei chiamato a svolgere quotidianamente una sorta di attività di contatto, di pubbliche relazioni.

Quale consiglio darebbe a chi vuole iniziare la professione oggi?
Personalmente reputo il mio lavoro bellissimo e ritengo di essere una persona molto fortunata, perché posso fare quello che fin da piccolo è stato il mio sogno. Allo stesso tempo, però, sono consapevole delle difficoltà, dei sacrifici e delle rinunce che questa attività comporta; anche se si ha passione di queste cose non ci si accorge neanche! Pertanto consiglio a chi comincia di essere consapevole di ciò a cui si va incontro e di non pensare che questo sia un lavoro di ufficio.

Cioè?
Bisogna essere pronti ad affrontare tutte le difficoltà iniziali che fanno parte del gioco e a dare la propria disponibilità 24 ore su 24. Perché questa è una attività che ti assorbe completamente ma che allo stesso tempo è davvero molto bella e stimolante.

C'è qualche aneddoto divertente che si può narrare? E se sì, su quale assistito?
Tanti sono gli aneddoti divertenti ma ricordandone qualcuno farei torto a qualcun altro.

Lei però ha scoperto Mario Balotelli e non può esimersi dal raccontarci come avvenne l'incontro con il ragazzo...
Mario esordì ad appena 15 anni in prima squadra al Lumezzane, nell'allora Serie C. Già si vedeva il suo grande potenziale: rapidità, struttura fisica importante, qualità tecniche fuori dal comune. Rimasi subito impressionato. Il retroscena di mercato, invece, mi vide impegnato negli ultimi giorni di mercato dell'agosto del 2006: a Balotelli, appena sedicenne, si erano interessate parecchie squadre. Io ne parlai solo con l'Inter, che mi diede fiducia e la possibilità di mettermi in contatto con la famiglia del ragazzo e con la società. Dopo due giorni Mario aveva firmato già per i nerazzurri con la formula del prestito con diritto di riscatto. Poi come andò avanti la sua carriera è storia nota a tutti, ma è importante rimarcare come la trattativa fu veramente lampo. Il nostro lavoro spesso è fatto di idee e di intuizioni che ti portano a proporre magari un determinato atleta a un club perché si pensa che in quel contesto e in quell'ambiente possa fare bene e crescere.

Quanto deve essere disponibile un agente per un calciatore?
Vivo la mia attività con passione ed entusiasmo e credo che un buon procuratore, al di là della professionalità, della credibilità e dei rapporti importanti che deve avere con le società, debba essere disponibile a 360 gradi con i calciatori, sempre pronto ad aiutarli per tutte le esigenze che possono avere dentro e fuori dal campo. La cosa bella poi è che con tanti si crea un rapporto che nasce dal lavoro e dalla professionalità ma poi diventa anche di amicizia.

E parlando invece di giornalisti, come giudica i rapporti con loro?
Hanno un ruolo molto importante nel nostro mondo e mi auguro di avere costruito negli anni un buon rapporto professionale. Un po' come fatto con chi mi sta intervistando adesso (ride, *N.d.A.*).

CAPITOLO III

GIOVANNI BRANCHINI

Da Ronaldo a Nakata; e quell'infradito tempestato di Swarovski alla cena con Tanzi...

Figlio di una famosa dinastia di manager del pugilato, Giovanni Branchini da Bergamo (tessera d'iscrizione all'albo agenti numero 6) è stato sicuramente uno dei precursori di questa attività, uno di quelli che hanno gettato le basi per gli agenti a venire da prendere come punto di riferimento. Un procuratore della vecchia scuola, uno di quelli che non usa mezzi eticamente poco leciti per rompere contratti, chiedere aumenti di ingaggio e così via. No, Branchini lavora nell'ombra, con discrezionalità, parlando poco ma centrando sempre l'argomento senza troppi giri di parole. Uno di quelli che alla stretta di mano e ai rapporti con le persone dà un'importanza fondamentale, anzi: li reputa la base dalla quale partire. Condendo il tutto con un comportamento sempre corretto e coerente. E non è un caso se moltissimi dei più grandi giocatori italiani lo hanno scelto come procuratore: prima Alemao, Careca, Matteoli, Ronaldo e Nakata; oggi Montolivo, Ogbonna, Poli, Pepe e molti altri. E nel domani futuri campioni da gestire sempre nel rispetto e nella consapevolezza di voler lavorare con classe, professionalità ed entusiasmo.

Buongiorno, Branchini: lei è arrivato nel mondo del calcio partendo dal pugilato.
Esattamente. La mia avventura è cominciata in concomitanza con i Mondiali di Messico 1986: è stato lì il mio primo avvicinamento al mondo del pallone; venni contattato da una società multinazionale dello sport che voleva aprirsi verso questa disciplina; iniziammo assieme, ma quasi subito proseguii da solo.

Il suo primo trasferimento? Se lo ricorda ancora?
Sì, fu il passaggio di Alemao dal Botafogo all'Atlético Madrid; un'operazione estero su estero, che ben rispecchiava l'impronta internazionale che aveva questa società con la quale avevo iniziato a operare. Poi da lì ci furono molte altre operazioni, come l'arrivo di Careca dal San Paolo al Napoli. E nel frattempo ero partito con un gruppetto di atleti italiani tutti di ottima prospettiva e qualità tecnica: Edy Bivi, Ubaldo Righetti, Manuel Gerolin, Gianfranco Matteoli, che era appena passato all'Inter dalla Sampdoria, e Paolo Miano dell'Udinese.

Quanto è cambiato il mondo degli agenti di calciatori rispetto ai suoi esordi?
C'era il rispetto del denaro che è ritornato ad esserci oggi, si andava e si lottava magari per 10-20 milioni di lire in più. I margini operativi te li creavi un po' da so-

lo e inoltre dovevi cercare di motivare i tuoi giocatori. Era un mondo completamente diverso. Io ebbi la fortuna, in quell'epoca, d'avere le porte della Juventus aperte perché la mia famiglia, che lavorava già nello sport, mi aveva collocato in questa posizione di favore rispetto a tanti altri; e oggi con orgoglio posso dire che mio figlio Francesco è l'agente di Filippo Boniperti, il nipote del grande presidente. C'era molta più discrezionalità, nulla era dato per scontato e non c'erano automatismi.

Cosa consiglierebbe a un ragazzo che desidera cominciare oggi questa professione?
Di pensarci bene, ma mentre dico questo ricordo che quando cominciai io, alcuni direttori sportivi dell'epoca, persone amiche e fidate, mi consigliarono in buona fede di non intraprendere questa professione; che ormai il mercato era saturo, c'erano già un po' di agenti e che non avrebbe portato a nulla; beh, visto come sono andate le cose posso dire che si sbagliarono in modo clamoroso. Lo spazio c'è stato, la loro previsione si rivelò una lettura completamente sbagliata... E quando dico questo ai tanti giovani che mi avvicinano, ricordo a loro quello che capitò a me.

Che panorama offre il mondo del calcio di oggi?
È assai difficile, perché negli anni d'oro del calcio, quando c'erano grandi disponibilità e facili guadagni, si sono avvicendate tante persone che, anche senza avere una specifica vocazione, ma seguendo solo un'onda positiva generale, portarono a un cambiamento in peggio di tutto il nostro ambiente. Perché prima, per fare questo lavoro, dovevi avere passione, vocazione e un

certo background; poi il tutto venne amplificato a dismisura, creando tantissimi equivoci.

Lei ha avuto tanti giocatori in procura, uno su tutti Ronaldo.
Sì, ma non enfatizzerei troppo questa vicenda, anche se non posso negare come la sua sia la storia che mi sta più a cuore: un ragazzo di estremo talento che doveva imporsi dal punto di vista sportivo. Io ebbi la fiducia da parte dei suoi agenti brasiliani quando aveva 17 anni. E da lì cominciammo un percorso insieme che poi si è trasformato con gli anni in un rapporto diretto con il ragazzo. Io sono più legato all'aspetto sportivo e di crescita umana della persona: se un atleta è da pallone d'oro o ambisce a giocare al massimo in Serie B, per me non fa differenza. Se ti viene a mancare la soddisfazione e il gusto di applicarti per il giocatore, non puoi più fare questo mestiere, in quanto viene a mancare la scintilla principale.

Ma Ronaldo la chiama qualche volta per avere dei consigli?
Ronaldo oggi fa parte di un gruppo importante, forse la più grande agenzia di pubblicità e marketing del mondo; ci sentiamo, certo, è molto intelligente, ha imparato molto da tutte le persone che ha conosciuto. È un uomo di successo che ha saputo rimettere in carreggiata la sua vita.

Quindi un giovane che vuole diventare il futuro Branchini cosa dovrebbe fare oggi?
Innanzitutto scavare nel proprio background, nelle proprie attitudini. Tutti hanno storie e fanno leva sul

proprio vissuto. Io per una decina d'anni ho fatto il medesimo lavoro ma per i pugili, mantenendo però sempre una mia metodologia di lavoro. La mia prima procura sportiva l'ho avuta a 18 anni e ho fatto leva su quello che avevo attorno a me e che avevo imparato, cosa che ho insegnato anche ai miei figli. Ecco, penso che ognuno di noi debba scavare in quello che ha intorno a sé e quello che si sente dentro.

Scavando nei suoi ricordi, c'è qualche episodio curioso che ci vuole raccontare?
Non vorrei far torto a tutti quei personaggi ed episodi divertenti e particolari che mi sono capitati nella vita, ma ci fu una cosa molto divertente che accadde il giorno in cui Hidetoshi Nakata arrivò al Parma. Eravamo nel periodo estivo e il ragazzo si trovava in vacanza negli Stati Uniti. Conclusasi la trattativa tra la Roma con Baldini protagonista e il Parma con i Tanzi, come spesso capita, senza particolare preavviso e con una tempistica ristretta ci chiesero di far tornare Nakata in Italia per la firma del contratto. Dunque il calciatore prese un volo Los Angeles-Milano Malpensa per poi venire trasportato a Parma e firmare il suo nuovo accordo. Il cavalier Tanzi e il figlio erano persone molto attente e formali e dunque c'era grande attenzione all'estetica e al buon gusto. Nakata, invece, era un ragazzo di 25 anni che vestiva alla moda con cose anche all'ultimo grido. Si divertiva, insomma. Ricordo che mandai una persona a Malpensa a prenderlo: era una domenica pomeriggio e gli intimai di fermarsi in un qualsiasi negozio per acquistare degli indumenti adatti all'occasione, visto che Nakata aveva con sé un bagaglio fondamentalmente da spiaggia.

Raccomandazione inutile, in quanto quella domenica pomeriggio era tutto chiuso. Il mio collaboratore non trovò nemmeno un negozio aperto. Gli chiesi allora com'era vestito il ragazzo e lui mi rispose che aveva bermuda e infradito. Ma non mi disse tutta la verità... Quando la macchina arrivò nel parcheggio del ristorante dove lo stavamo aspettando per firmare il contratto, la portiera si aprì e vidi delle infradito ai piedi di Nakata tutte tempestate di Swarovski; ebbi un infarto, una specie di semiarresto cardiaco. Comunque, alla fine di tutto, ancora oggi conservo quell'infradito. Me lo feci dare da Hidetoshi, è uno dei pochi cimeli che ancora conservo.

Ma alla fine com'era vestito Nakata per l'occasione?
Alla fine si presentò in modo abbastanza sobrio; a parte il tocco stravagante di questi bellissimi infradito. Fu una cosa eccezionale.

In sostanza, cosa non può mancare a un agente di calciatori per ritenersi un buon procuratore?
Per fare questo lavoro devi avere l'amore per le persone, essere in grado di voler bene agli altri. Perché a prescindere da come andrà la tua carriera, alla fine avrai un bilancio positivo e un tesoro da ricordare. Io oggi posso definirmi stanco, ma con un patrimonio d'affetti incredibile. Ho avuto la fortuna di lavorare con persone meravigliose, che ancora oggi mi danno benessere all'anima. Perché il solo pensiero di queste persone, il come abbiamo lavorato assieme, l'affetto profondo che c'è e la qualità delle stesse mi rendono felice. E penso a Boban, Benny Carbone, Rui Costa, Nakata, Romario, Ronaldo, Donadoni, Pioli, Matteo-

li, Marchegiani, Albertini e tanti altri: persone alle quali sono ancora profondamente legato e che mi vogliono ancora bene. E questa è la vera ricchezza di questo lavoro. Io ho sempre cercato di lavorare con dei criteri e principi sani. E quello che ho raccolto, in termini di affetti umani, non me lo può togliere nessuno.

E si sentirebbe di sconsigliare a qualcuno d'intraprendere questa professione?
Assolutamente no, perché quello che riesci a ricevere da questa professione non ha prezzo. Io ricevo tutti gli anni regali da Nakata per il mio compleanno e se passa dall'Europa cerca sempre di fare un salto a Milano per mangiare assieme. Senza queste cose oggi probabilmente non farei più questo mestiere, tutto è peggiorato.

ANDREA CATTOLI

Da Sacilotto ad Acerbi; e quella telefonata di Galliani...

«I migliori procuratori si riconoscono essenzialmente non da ciò che raccontano, ma dai risultati che riescono a ottenere per i loro assistiti.» Uno slogan, un modo di essere, un modello di vita. Ma anche un consiglio per tutti quelli che, giovani e alle prime armi, sognano di fare questo mestiere. Questo è quello che si legge sul profilo Twitter ufficiale di Andrea Cattoli (Cesena, 19 dicembre 1981), uno dei giovani agenti di calciatori più conosciuti e apprezzati di oggi. La sua fama è cresciuta molto soprattutto nella sessione estiva 2012 del calciomercato, quando ha portato il difensore Francesco Acerbi al Milan; ma già in precedenza la sua gavetta era stata ricca di soddisfazioni, voglia di fare e di non fermarsi mai. E ci racconta che l'aver stretto la mano ad Adriano Galliani non è un punto di arrivo, ma la giusta ricompensa per la strada fatta. E un premio a una professionalità fuori dal comune.

Buongiorno, Cattoli: come e quando è iniziata la sua avventura da agente di calciatori?
Ho sostenuto l'esame nella sessione di marzo del 2006, ma avevo iniziato a studiare già a novembre del 2005 perché volevo arrivare preparato a un appuntamento che ritenevo strategico per il mio futuro lavorativo e non solo. Il mio primo giocatore in assoluto fu un brasiliano che giocava in Eccellenza, nel Valfabbrica. Poi portai Sacilotto a Cesena e da lì la mia carriera iniziò a regime.

Ricorda l'esame? Era difficile?
Personalmente vado orgoglioso del fatto che fui uno dei tre, su 400 iscritti, che presero 40 su 40 come punteggio, il massimo. Anche perché studiavo mattina, pomeriggio e sera; divoravo tutte le norme, dovevo e volevo imparare tutto per poter poi agire per il meglio.

Comunque, anche una volta che si parte a lavorare un agente deve aggiornarsi...
Assolutamente sì, è la base dalla quale partire. Bisogna leggere molto: quotidiani, internet; e poi tutti gli aggiornamenti sulle normative vigenti, che si trovano facilmente sul web, sui siti di FIFA, FIGC e CONI. E poi sentenze di tribunali e tutto il resto. Perché aggiornarsi? Per lavorare al meglio e non incappare in alcun tipo di errore.

Com'è la sua giornata tipo?
Sempre al telefono e sempre in viaggio. Se vuoi fare questo lavoro devi sapere che la disponibilità nei confronti degli assistiti deve essere massima. È una car-

riera bella e impegnativa e talvolta ti capita di dover fare dei viaggi a vuoto o cose simili. Devi metterlo in preventivo, fa parte del lavoro.

Cosa fa un agente al di fuori dei mesi del calciomercato?
Fondamentalmente cerchi di trovare un calciatore disposto a farsi rappresentare e magari, per interposta persona o per amicizia, di farti conoscere dallo stesso. Una volta che cominci, se dimostri grande professionalità, il passaparola è l'arma in più che hai a tua disposizione.

Anche se poi, ormai, è calciomercato tutto l'anno.
Certo, anche quando non c'è la sessione ufficiale il lavoro dell'agente non si ferma mai. Cerchi di segnalare i tuoi giocatori, procacciare nuovi clienti, valutare nuove situazioni vantaggiose per i tuoi assistiti. In pratica si sta in ballo 365 giorni all'anno, sapendo che le occasioni sono anche dietro l'angolo. Basta saperle cogliere.

Quale consiglio darebbe a chi vuole iniziare la professione?
Bisogna avere molta pazienza e costanza, non arrendersi mai, nemmeno di fronte alle prime difficoltà. E vorrei sottolineare come quello degli agenti di calciatori non sia un ambiente chiuso come appare da fuori. C'è tempo per inserirsi; certo, non bisogna avere la presunzione di voler avere tutto e subito, per arrivare a certi livelli bisogna fare un percorso di crescita molto pesante. Ma quando raggiungi certi traguardi, poi, hai delle belle soddisfazioni.

Il suo maggiore trasferimento, ad oggi, è quello di Francesco Acerbi al Milan. Com'è nato il tutto?
Fino a gennaio il ragazzo non aveva giocato con il Chievo; l'allenatore (Domenico Di Carlo, *N.d.A.*) non puntava su di lui, così decidemmo di trovargli una sistemazione in Serie B. Ma né il Padova, né il Sassuolo erano convinte al 100%. Da lì a una settimana cominciò a giocare con continuità e ad alti livelli, tanto da essere inserito addirittura nella top 11 assieme a gente del calibro di Thiago Silva e Barzagli. E con pazienza si è ritagliato un ruolo importante agli occhi di tutti.

Come fu il primo contatto con il ragazzo?
Lo conobbi dopo averlo visto in Sambonifacese-Pavia del febbraio del 2010; controllai e mi accorsi che non aveva nessun mandato depositato e a quel punto mi offrii; ero stato segnalato da un altro calciatore che assistevo all'epoca.

E poi arrivò la famosa telefonata di Adriano Galliani...
Senza dubbio, quando fai tanta gavetta, ti fa piacere ricevere una chiamata addirittura da una persona così influente sul mercato italiano. Però la vissi come un qualcosa che andava fatto, mi comportai nel modo più professionale possibile. Da dentro non te ne accorgi nemmeno, la reputi una normale proposta di lavoro per un tuo assistito, mentre da fuori viene ingigantita perché si tratta comunque del Milan. Ovvio che portare un tuo giocatore in un club così grande è gratificante, è un percorso che porti a termine. Però sul momento non puoi fare il tifoso o avere atteggiamenti troppo emotivi. Ma direi anche una bugia se non

ammettessi che fui molto contento e orgoglioso della chiamata di Galliani.

Certo è che il lavoro dell'agente non si ferma alla ricerca del contratto per il proprio assistito.
Affatto. Bisogna essere disponibili 24 ore su 24, sette giorni su sette; e bisogna curare tutti i settori della vita del calciatore, in ambito fiscale, assicurativo, nella ricerca di sponsor, e andare incontro alle sue esigenze. Io mi sono reso sempre disponibile e questo sicuramente mi ha premiato.

E i media aiutano a crescere?
Purtroppo tante volte vieni preso in mezzo a delle battaglie che nascono tra le varie emittenti e i vari quotidiani; non è che devi tener presente il fatto che qualcuno non sia contento, ma consiglio di mantenere un certo equilibrio; ovviamente, poi, privilegi i rapporti d'amicizia o comunque quelle persone di cui sai che ti puoi fidare.

CAPITOLO V

ANDREA D'AMICO

Lo spavento per Lentini e la commozione di avere Del Piero al matrimonio come testimone

Oggi è l'agente di Vincenzo Iaquinta, Domenico Criscito, Andrea Caracciolo, Gennaro Gattuso e tanti altri. Ieri di Alessandro Del Piero, Mauro Tassotti, Dino Baggio, Gianluigi Lentini e non solo. Andrea D'Amico è stato sicuramente uno degli agenti italiani che hanno avuto maggiore influenza nel calciomercato italiano e non solo. E anche oggi continua nella sua imperterrita attività, con distinzione, educazione e disponibilità, tre qualità che sono diventate il suo marchio di fabbrica. Andrea D'Amico nasce a Verona il 29 agosto 1964 e, laureatosi in Giurisprudenza nel 1987, anno in cui si specializza in Marketing e diritto sportivo, entra poi in società con l'avvocato Claudio Pasqualin nel 1990, con il quale forma da allora una delle realtà più accreditate e importanti del personal management calcistico. Divenne il più giovane procuratore e agente FIFA. Sul sito della loro agenzia si legge: «In tanti anni di carriera sviluppa un grado di competenza professionale, una rete di relazioni internazionali, e un portfolio di clienti che lo portano ad essere riconosciuto come uno dei procuratori più importanti dell'ambiente sportivo generale». La sua tessera d'iscrizione all'ordine numero 20 gioisce; e noi lo incrociamo in uno dei tanti saloni milanesi dove si parla, anche in via non ufficiale, di calcio e di mercato. E i suoi occhi chiari ci guardano attenti e curiosi.

Buongiorno, D'Amico: quando ha avuto inizio la sua avventura come agente?

Ho iniziato 21 anni fa e sono stato il più giovane agente italiano (aveva 26 anni, *N.d.A.*); ringrazio l'avvocato Pasqualin, che mi dette subito questa opportunità. È una cosa che ho sempre avuto dentro; ho sempre amato il mondo dello sport, mi sono sempre appassionato ad ogni tipo di disciplina che ho praticato e la mia famiglia era composta da persone che facevano sport anche a livello agonistico. Finito il liceo sono andato all'università e ho studiato Giurisprudenza, poi ho fatto un master in Marketing and business administration e quindi, quasi casualmente, mi sono recato al calciomercato che si svolgeva a Milanofiori con una forza dentro incredibile. Era il 1990. Da lì ho conosciuto l'avvocato Pasqualin ed è cominciata la nostra avventura. La mia tessera? Numero 20, una delle prime.

Ricorda il giorno dell'esame? Per voi fu un cambio epocale...

Non fu molto difficile, soprattutto per chi era fresco di studi come me. Per chi invece aveva un'estrazione diversa, faceva il lavoro concreto sul marciapiede, magari rimettersi sui libri poteva essere più difficile. Però tutti poi furono soddisfatti.

Com'è cambiato, in questi due decenni, il ruolo dell'agente?
È cambiato molto ma allo stesso tempo poco; i ragazzi, bene o male, vanno gestiti sempre con le stesse direttive, ma la differenza è che ora il mercato è aperto tutto l'anno, mentre prima era racchiuso in due finestre.

Dunque, si lavora tutto l'anno...
Certo. Poi con l'avvento delle pay tv e di internet hai la possibilità di vedere praticamente tutto e di essere aggiornato in tempo reale.

Cosa serve a un buon agente per essere definito tale?
Devi avere capacità a 360 gradi, una certa base culturale e sapere gestire tutto: contratti, sponsor e così via. Inoltre devi anche essere imprenditore, avere idee da portare avanti e far business; oltre, ovviamente, a una buona dose di buon senso.

Un lavoro che, oltre alle soddisfazioni economiche, permette anche di raggiungere bei traguardi personali.
Esattamente. Ho lavorato per dieci anni con Marco Branca e vederlo passare da calciatore a direttore tecnico dell'Inter è incredibile. Ti crei mille vite e mille ne vivi, ti immedesimi. Passi dall'essere semplicemente l'agente a divenire amico, avvocato e confidente di un calciatore. E questo è bellissimo e dà molte soddisfazioni.

Chi è il calciatore che le ha dato più soddisfazioni?
Sono tanti. Sicuramente è stato bellissimo vedere la cre-

scita di Gennaro Gattuso. L'abbiamo visto che non era nessuno ed è diventato campione del mondo nel 2006, un percorso che, per un agente, è quasi un sogno.

E il ricordo più particolare?
Il primo è legato a Gianluigi Lentini. Mi chiamarono in piena notte per dirmi che era in coma dopo l'incidente stradale che tutti sappiamo, fu spaventoso. Per fortuna le cose poi si sistemarono, però furono dei periodi molto difficili. E poi Del Piero: dopo la finale di Champions League persa con la Juventus nel 1998, venne ugualmente a farmi da testimone al matrimonio. Un gesto che ho apprezzato moltissimo e che mi ha commosso.

Cosa consiglierebbe a chi adesso vuole iniziare questo lavoro?
Avere molta pazienza, propensione al rischio imprenditoriale, non lesinare sforzi, essere sempre molto volitivo e caparbio, ma soprattutto seguire il proprio impulso. Se uno crede in qualcosa che lo rende felice, è giusto rischiare sulla propria vita. Da dove consiglierei di cominciare? Dal proprio territorio e dalle proprie relazioni, poi i passi successivi che possono proiettarlo più in alto arrivano da soli.

Forse il suo esempio con Maxi Lopez è emblematico...
Fu una settimana incredibile; abbiamo lavorato per chiudere quel contratto che finalmente poteva dare soddisfazione a Maxi; io ho cercato di dargli i consigli migliori. Poi alla fine andò bene, però fu una settimana da *The Terminal*, il film con Tom Hanks.

CAPITOLO VI

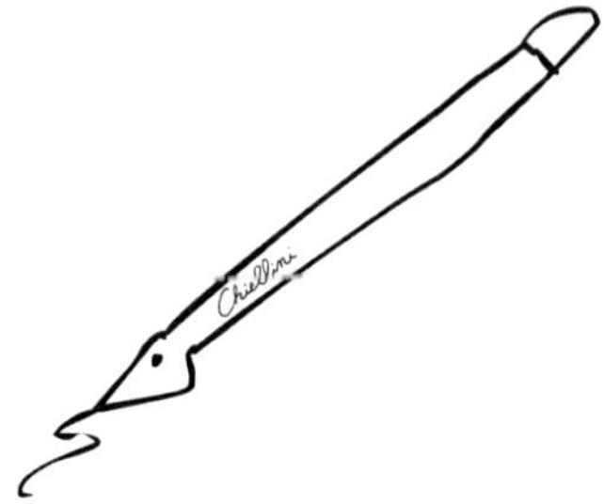

DAVIDE LIPPI

La Gea, Moggi, Lamela e la penna di Chiellini...

Un passato da calciatore, un cognome importante ma anche un talento da scout non indifferente. Davide Lippi è uno degli agenti più importanti tra quelli attualmente in circolazione. Tra i suoi assistiti nel corso degli anni, Massimo Oddo, Giorgio Chiellini, Manuele Blasi, Cristian Brocchi e molti altri. Una vita e una carriera fulminante, iniziata subito ad alti livelli e mai interrotta. E la consapevolezza che le esperienze vissute, dal rapporto con papà Marcello alla Gea, sono tutte utili e indispensabili. Proprio come la penna di Giorgio Chiellini...

Buongiorno, Lippi: come ha avuto inizio il suo legame con il mondo del calcio?
Ho iniziato a giocare in Toscana; ero una mezz'ala di ottime qualità (ride, *N.d.A.*); poi la mia carriera si è dovuta interrompere per problemi fisici e ho iniziato quella di agente. Visti i risultati è andata bene...

Cos'è successo?
Una macchina non ha rispettato uno stop; e io ero in motorino... Giocavo nella Primavera della Lucchese, poi ho avuto esperienze al Camaiore e al Viareggio, dove vincemmo la C2. Però smisi ugualmente. E qui fu fondamentale mio padre, che mi spronò a intraprendere una nuova avventura.

Meglio fare il calciatore o l'agente?
Beh, la carriera calcistica è più stimolante; ma rischiavo di ritrovarmi a fare la spola tra C2 e C1. Invece, oggi, ho quasi 20 giocatori di Serie A e anche queste sono soddisfazioni.

L'inizio di tutto...
A 20-21 anni ho iniziato a lavorare nel marketing della Juventus; ho trascorso lì due anni ma mi accorsi subito che la vita da ufficio non faceva per me. Io sono e sarò sempre un uomo di campo. Quindi la mia prima esperienza da agente è stata un tour in Sudamerica con Gustavo Mascardi e Paco Casal, i numeri uno al mondo. Rimasi giù diversi mesi, poi tornai in Italia e, vista l'amicizia che mi legava ad Alessandro Moggi, cominciai a lavorare con lui. Sono stato fortunato, essendo cresciuto in questo ambiente conosco tante persone che mi hanno dato la possibilità di crescere. E devo ringraziare Alessandro, mi ha dato una mano notevole.

L'esperienza della Gea, a prescindere da come finì, come la reputa?
Sicuramente molto formativa, importante. Mi ha dato modo di entrare nel mondo del calcio e del calciomercato a certi livelli. Io non ero socio, collaboravo

con loro. Ma sicuramente fu un periodo gratificante. Anche perché l'idea di base sulla quale era stata fondata la Gea era innovativa come quella della Reset Group, l'azienda che ho aperto da cinque anni.

Cioè?
Si tratta di una nuova agenzia di sport marketing, a 360 gradi; noi gestiamo i diritti d'immagine dei calciatori, ma gestiamo anche campagne pubblicitarie e molto altro. Abbiamo due sedi, a Milano e a Roma, e tre divisioni con otto persone a lavorare.

Ricorda i primi passi?
I primi giocatori di un certo livello che gestii furono Massimiliano Esposito (Perugia, Brescia, Chievo) e Cristian Brocchi.

Il calciatore col quale c'è stato il colpo di fulmine?
Erik Lamela; l'ho visto a ottobre del 2011 e sono stato uno dei primi a lavorarci su. Sabatini ha fatto un grande colpo, penso abbia tutte le qualità per fare bene ed esplodere.

E gli altri che ha in procura?
Chiellini lo conosco da quando aveva 15 anni e posso dire di averci visto giusto. E poi è stata una soddisfazione poter vedere Caprari titolare con la Roma, Camporese che debutta in Serie A e molti altri bravi ragazzi che fanno la loro onesta carriera.

Quali sono le caratteristiche che deve avere un buon agente?
Passione per il proprio lavoro, andare e scoprire gio-

vani e non avere vincoli. La conoscenza calcistica è certamente fondamentale, ma fare pubbliche relazioni e saper pescare nel mazzo lo è ancora di più.

Qualche consiglio pratico?
Premesso che ritengo il cominciare oggi questa professione un qualcosa di molto complesso e difficile, vista la situazione economica generale di tutti, sicuramente serve grande passione, voglia di fare e buttare la testa giù senza tanti programmi. E poi girare per i campi in cerca di giovani e avere la fortuna di trovare quelli giusti. Io negli anni ho puntato sull'avere pochi giocatori e di qualità, ma alla base deve rimanere un principio: il servizio che dai a un giocatore, che si chiami Chiellini o che militi in Serie C, deve essere lo stesso. L'unica cosa che cambia è ovviamente il guadagno.

Come vede il mercato italiano di oggi?
C'è poco spazio per i giovani agenti se cominciano da soli e non hanno la fortuna di essere ex calciatori o d'avere rapporti e conoscenze di un certo tipo. La mia è una famiglia di sportivi e questo mi ha aiutato molto.

Oltre al colpo di fulmine che ha citato nell'esempio Lamela, cosa deve avere un agente per scovare un buon giocatore e distinguerlo da uno mediocre?
Il calcio non è una scienza matematica, nessuno te lo può insegnare. I giocatori o li vedi o non li vedi. Per Lamela obiettivamente non serviva un genio, lì ho avuto la fortuna d'arrivare prima di altri e innamorarmi prima. Chiamai subito il Milan che s'interessò, ma

poi non si fece nulla. Io, come altri colleghi, quando vedo un giocatore non ho bisogno di tanto tempo per capire se è buono o no; viaggio spesso sulle emozioni che mi danno a pelle. Personalmente guardo molto i piccoli particolari: il modo di muoversi, di calciare eccetera. E poi guardo i ragazzi in faccia: uno ha la faccia da giocatore, c'è poco da fare. Comunque sono mie valutazioni personali, condivisibili o meno.

A 35 anni e con tanti calciatori in Serie A, ne avrà viste e vissute tante: c'è qualche ricordo particolare?
Non nel dettaglio, ma sicuramente c'è un aneddoto che mi piace raccontare. Io sono uno che perde le penne sempre, me le dimentico nei box delle società e anche nei vari hotel. Ma ce n'è una che non perdo mai, ed è quella con la quale Giorgio Chiellini firmò il suo primo contratto da professionista a 16 anni con il Livorno. La uso sempre quando metto la mia firma su ogni contratto di ogni calciatore che riesco a piazzare. Beh, poi l'ho usata anche per battesimi, matrimoni e per tutte le cose importanti che faccio. L'ho inserita in una custodia apposita, così non la perdo. Guai a chi me la tocca.

CAPITOLO VII

LIONELLO MANFREDONIA

Calciatore, direttore sportivo e agente: una figura a tuttotondo del mondo del calcio

Ex calciatore, direttore sportivo, direttore generale e responsabile del settore giovanile. Nella carriera di Lionello Manfredonia (Roma, 27 novembre 1956) c'è tutto: abilità manageriale, talento nello scovare nuove stelle e tanta, tanta passione. La stessa che, ora, mette in campo per fare l'agente, uno dei più affermati del panorama non solo italiano.

Cresciuto nella Lazio, ha vestito anche le maglie della nazionale Under 21 e di quella maggiore, prima del trasferimento alla Juventus nel 1985 che fu il coronamento di una grandissima carriera. In bianconero vinse uno scudetto e una Coppa Intercontinentale, prima di trasferirsi alla Roma (1987). E poi la tragica giornata del 30 dicembre 1989, quando nella gara contro il Bologna (la temperatura era di 5 gradi sotto zero) si accasciò a terra, vittima di un arresto cardiaco. Da lì iniziò la sua avventura dietro la scrivania: una figura a tutto tondo, che ha potuto scoprire i tanti lati chiari (e quelli oscuri) del calcio italiano da tutti i punti di vista.

Era il 2004 e Lionello Manfredonia cominciava la sua avventura da agente FIFA.
Purtroppo, dopo l'incidente di Bologna che tutti sanno, ho dovuto cercare un altro lavoro. Fu un qualcosa d'improvviso, anche perché uno programma una fine di carriera ben precisa, magari con delle avventure all'estero per imparare lingue nuove; e invece smisi d'improvviso, trovandomi spaesato. Ho passato dieci anni a lavorare come direttore sportivo e direttore generale in diverse città italiane: Cagliari, Ascoli, Parma, Cosenza, Vicenza, partendo sempre come responsabile del settore giovanile. Esperienze che mi hanno aiutato molto, per capire diverse sfaccettature del mondo del calcio.

Il salto della barricata com'è avvenuto?
Ho deciso di diventare un libero professionista perché mi piaceva questa nuova figura dell'agente, che già quando giocavo io, nel 1983, incominciava ad affacciarsi. Ero abbastanza curioso di capire come mi sarei trovato a gestire un certo numero di calciatori.

Chi fu il primo atleta in procura?
Vlada Avramov, il portiere. Sono partito da lì cercando di affermarmi soprattutto nell'avere giovani ragazzi non affermati e farli diventare professionisti. Cominciando tardi quest'attività, mi andavo spesso a confrontare con agenti già di fama. Ero indietro di 20-25 anni, non potevo pretendere di gestire subito dei cam-

pioni. Devi cominciare dai giovani e dalla voglia di poter fare operazioni anche estero su estero, magari per ampliare le tue competenze.

L'esperienza da dirigente è servita?
Molto, soprattutto l'anno di Parma dove ero il consulente per il calcio estero; fu un anno di viaggi e incontri, ho conosciuto i più grandi procuratori dei vari Paesi, dal Sudamerica all'Europa. E lì ho avuto modo di cominciare a capire come si muovevano loro.

Cosa consiglierebbe ai ragazzi che cominciano oggi questo mestiere?
Soprattutto i primi anni non pensate al guadagno, non esiste. Cercate di agire in maniera personale ma soprattutto con molto entusiasmo, con la volontà di scoprire, fare esperienze da soli, specializzarsi in un Paese, una regione e non essere dispersivi nella scelta dei clienti. Con volontà e passione, spavalderia, un ragazzo arriva. Personalmente non penso sia necessario affiancarsi a un agente famoso, c'è il rischio che si possa venire messi in secondo piano e sfruttati.

Quanto è impegnato un agente con un calciatore?
Dipende, ci sono diversi tipi di agenti. C'è il factotum, quello che gestisce il ragazzo da mattina a sera, che si occupa della parte tecnica ma anche di quella organizzativa della vita, investimenti e quant'altro; e poi ci sono gli agenti che si limitano a trovare una nuova sistemazione al cliente cercando di farlo guadagnare il più possibile.

Il giovane Manfredonia, a 20 anni, rifiutò la Juventus per rimanere nella sua Roma. Oggi cosa consiglierebbe a un suo assistito?
Gli direi di andare assolutamente a Torino! La Juventus, oggi come allora, è la squadra del momento; non bisogna pensare troppo agli amici, alla comunità della propria città e a tutte queste cose. Se c'è la possibilità, meglio arrivare subito in squadre importanti. I treni passano e non è detto che tornino. Per fortuna il mio è ripassato otto anni dopo, altri magari non hanno avuto la mia stessa fortuna.

Quali furono i primi giocatori che la impressionarono?
Mi ricordo di Aquilani e De Rossi quando giocavano nella formazione Allievi della Roma: già lì si vedeva che erano due giocatori dalle grandi potenzialità. E il tempo, infatti, mi ha dato ragione.

La sua filosofia di gestire i giovani si riflette anche nel lavoro di oggi, visto che ha diversi giovani interessanti in procura.
Sì, il bello di questo lavoro è il poter trovare dei giovani che possano diventare campioni; a volte i procuratori fanno delle scelte e non è detto che uno che ha un giocatore rimanga fedele per sempre. Ad esempio, Silvano Martina ha in procura Gigi Buffon da una vita, ma spesso capita che i giocatori decidano di cambiare agente. Un consiglio: non abbattetevi subito se scoprite un campione e dopo 3-4 anni decide di affidarsi a un altro agente. Succede spesso: dovete avere un carattere forte, senza abbattervi. Come finiscono i matrimoni, finiscono anche i rapporti con i giocatori. Non sono oggetti di proprietà, anche se spesso qualcuno la pensa così.

CAPITOLO VIII

CARLO PALLAVICINO

Rui Costa, ovvero quando i grandi giocatori hanno grandi fragilità nascoste

Grande tifoso della Fiorentina, di quelli che vogliono vincere (o almeno provarci...) senza lasciare nulla al caso. Personaggio atipico, visto che si avvicinò al mondo del calcio da giornalista per poi trasformarsi in procuratore. Da lì un susseguirsi di emozioni e campioni in scuderia del calibro di Rui Costa, solo per citarne uno. E la vena giornalistica non l'ha mai persa, prima fondando nel lontano 1996 il sito calciomercato.com e poi, nel 2004, dando alle stampe *Tenetevi il miliardo*, libro dove parla di tutto un mondo, di una città, di un modo diverso di vivere il calcio e la vita. Carlo Pallavicino, nato a Firenze il 19 dicembre 1962, è anche (soprattutto?) questo.

Buongiorno, Pallavicino: come e perché è iniziata l'avventura da agente di calciatori?
Ero un giornalista sportivo, avevo la curiosità di scoprire cosa accade di là dal buco della serratura. Ho

avuto l'opportunità di conoscere Giovanni Branchini che aveva iniziato da un anno appena quest'attività passando dalla boxe al calcio. Lo conobbi, mi parve una persona molto professionale e dopo otto mesi costituimmo una società che ancora resiste dopo un quarto di secolo.

Ricorda l'esame FIGC? Era difficile?
L'esame avvenne presso la FIGC in via Po nel 1990. Io svolgevo l'attività già da tre anni. Ricordo che c'erano Damiani, Caliendo, Roggi, tutti preoccupati di eventuali bocciature perché erano presenti i giornalisti nella sala d'aspetto, che non vedevano l'ora di scrivere chi era stato promosso e chi no. Non passare l'esame avrebbe significato una grande umiliazione agli occhi dei propri assistiti. Io fui interrogato per ultimo. Solo orale, domande di diritto pubblico e sulle carte federali. Andò bene. Oggi sarebbe più complicato.

Quali sono stati i primi giocatori? Iniziare è stata dura?
I primi due giocatori che presi in procura furono Luca Marchegiani e Renato Buso. Ma il primo in assoluto che riuscii ad avvicinare e poi a prendere in procura insieme a Branchini fu Giancarlo Marocchi. Era alla vigilia del trasferimento alla Juventus. Eravamo eccitatissimi. Un giorno però Nello Governato, all'epoca direttore sportivo del Bologna titolare del cartellino di Marocchi, lo caricò in gran segreto sulla macchina e lo portò a Torino da Boniperti a firmare senza avvertirci. Ci lasciammo un'ora dopo. Questo episodio spiega come fosse difficile lavorare con le società, che facevano di tutto per ostacolarci. Non si contano i biglietti da visita che i direttori sportivi mi

strappavano davanti alla faccia quando andavo a presentarmi.

Un agente deve aggiornarsi? E se sì, come?
Deve stare attento a tutte le normative e conoscere più persone possibili. Mai chiudere la porta in faccia a nessuno. Tutti possono tornare utili al momento decisivo.

Com'è una giornata tipo di un agente?
Sveglia, lettura giornali, Internet, ufficio e poi cellulare e tanta macchina fino a sera. Cena con un proprio assistito se non c'è la partita.

Cosa fa un agente al di fuori dei mesi del calciomercato?
Accudisce i propri calciatori, con i quali i contatti sono almeno settimanali (curiamo loro anche gli aspetti legali, assicurativi, fiscali, contabili, la comunicazione social media, oltre alle sponsorizzazioni), e poi va in cerca di nuovi talenti, oltre a rafforzare contatti e aggiornarsi su quanto accade nel calcio a 360 gradi.

Quale consiglio darebbe a chi vuole iniziare la professione?
Pensarci bene non una, ma dieci volte. Il mercato degli agenti è intasato e con la crisi economica se non hai grandi giocatori fai grande fatica a portare qualche soldo a casa anche dopo anni di apprendistato. L'atteggiamento deve essere da «uno su mille ce la fa». Ma mai tarpare le ali alle proprie ambizioni nella vita, bensì essere coscienti che è un'impresa ardua.

C'è qualche aneddoto divertente che si può narrare?
Una volta a Coverciano c'era la rappresentativa di C,

era la fine degli anni Ottanta. Chiedo la distinta in portineria e noto un sacco di nomi più o meno sconosciuti (tra questi i più noti Casiraghi del Monza, Lombardo della Cremonese). Decido di puntare su un tale Fausto Pizzi solo perché gioca nel Vicenza, una squadra con grande tradizione a livello giovanile. Chiedo al portiere di chiamarlo in stanza (i cellulari non esistevano) e dopo dieci minuti arriva un ragazzino che non arriva a un metro e settanta. Mi dico: vai, ho scelto quello sbagliato. Ci parlo un po', mi fa un'ottima impressione. Lo convinco a venire in procura con me. Provare non costa nulla. Mi va di lusso. Pizzi gioca due stagioni eccellenti a Parma e finisce all'Inter (anzi, ritorna perché era cresciuto nelle giovanili nerazzurre) con il numero 10 sulla schiena. E da lì una brillante carriera di Serie A... A volte la fortuna conta più di tutto.

Cosa significa avere avuto in gestione giocatori come Ronaldo, Rui Costa, eccetera?
Ronaldo l'ha seguito direttamente Branchini, Rui Costa lo frequentavo molto a Firenze e ho capito che i grandi giocatori hanno grandi fragilità nascoste che devi essere bravo ad assistere senza che se ne accorgano. Però è anche vero che spesso hanno una lucidità nel momento di prendere la decisione giusta che ne fa delle persone speciali.

Come si deve approcciare un calciatore?
Con la sincerità. Sono circondati da adulatori. Bisogna metterli in condizione di capire che la vita reale non è un qualcosa di misterioso ma la base per poter apprezzare e capire i privilegi che hanno. Solo così si

diventa uomini e quindi grandi calciatori in grado di resistere quindici anni sotto la luce dei riflettori.

Quanto deve essere disponibile un agente per un calciatore?
Questa è una domanda molto interessante. Il calciatore non ha limiti né di orari né di disponibilità. Da parte degli altri... pretende tutto e subito. Se non metti delle regole, sei fritto e alla prima occasione ti scarica. Essere rispettati è la prima regola. Al tempo stesso dobbiamo renderci conto che ci sono momenti nei quali la disponibilità deve essere assoluta, soprattutto durante il mercato; ma, ancora di più secondo me, dopo un infortunio o in un momento di crisi professionale e non.

Come giudica i rapporti con i giornalisti?
La più grande rottura di scatole del nostro mestiere. E lo dico sentendomi più giornalista che agente, malgrado 25 anni di attività. Ai giornalisti do un consiglio: quando chiamate, datela voi una notizia all'agente e tutto cambierà all'istante.

Capitolo IX

Federico Pastorello

L’uomo che lanciò Diego Milito (e il suo contratto...) nel calcio che conta

Camicia bianca, impeccabile. Viso pulito, da bravo ragazzo. L’eleganza è un suo marchio di fabbrica, assieme all’affidabilità e a una pazienza certosina che lo rendono uno degli agenti italiani maggiormente di spicco, con contatti sparsi un po’ in tutta Europa e una grande fama anche all’esterno dei confini italiani. Federico Pastorello nasce a Rovereto il 9 luglio 1973. Tessera d’iscrizione all’albo agenti numero 51, una delle prime. Conta oltre 10.000 follower su Twitter, la nuova moda (o mania) del giornalismo moderno e non solo. Davanti a un caffè nel pieno del Principato di Monaco, la conversazione si fa interessante: la piacevole dialettica lo rende un personaggio unico nel suo genere. Un oratore nato, che ha trovato la sua dimensione nel mondo del calcio. Dove vive e sopravvive chi ha voglia di fare e mettersi in discussione.

Buongiorno, Pastorello: com'è iniziata la sua avventura da agente di calciatori?
Ufficialmente il tutto ha avuto inizio nel 1996, ma già da tempo iniziavo a frequentare questo mondo grazie all'esperienza di mio padre (Giambattista Pastorello, *N.d.A.*), che al tempo era direttore del Parma e poi proprietario dell'Hellas Verona; quando avevo solo 17-18 anni, mi portava con sé nelle varie trattative di calciomercato del tempo, quelle che poi portarono in Italia Hristo Stoichkov, Fernando Couto, Dino Baggio e molti altri.

Sarà stata sicuramente un'esperienza positiva.
Assolutamente sì, anche perché io stavo zitto e imparavo il mestiere da una persona che ha dimostrato di essere uno dei più bravi. E non lo dico perché si tratta di mio padre, ma perché nel corso della sua carriera lo ha dimostrato ampiamente. Ecco, dovessi dire effettivamente dove ho appreso il mestiere, vi direi che in quelle circostanze ho avuto modo di imparare molto. E poi, poco alla volta, ho iniziato ad avere i miei primi giocatori, i miei primi mandati di rappresentanza con qualche giocatore della Primavera.

La canonica gavetta, insomma...
Esattamente. Il primo giocatore importante che ho avuto in procura fu Antonio Benarrivo, il quale aveva avuto dei problemi con il suo precedente agente e quindi, conoscendomi per motivi di famiglia, ha pensato di darmi quest'opportunità; perché in fin dei conti è stato più lui che ha dato una grande chance a me piuttosto che io a lui. Poi si è trovato bene con me e da lì la strada è stata tutta in discesa, ma gli

devo ancora molto per avermi concesso d'iniziare alla grande.

Quando è arrivato il salto di qualità?
Sicuramente con Stefano Fiore e Patrice Evra. Il primo veniva da un'esperienza molto positiva tra le fila del Chievo; io lo presi e da lì abbiamo fatto un bellissimo cammino insieme, pieno di soddisfazioni e vittorie reciproche. Per quanto concerne Patrice, lo presi che non giocava nel Monza e lo portai a Nizza, dove facevo il consulente; da lì è arrivato il trasferimento al Monaco e poi al Manchester United, dove è diventato il giocatore che noi tutti oggi conosciamo. Ce ne sarebbero tante altre di storie da raccontare, però queste due le ricordo con particolare affetto perché credo che siano state quelle che mi hanno segnato più di tutte. Io ho dato molto a loro e loro hanno dato molto a me, sotto il profilo sportivo ma soprattutto sotto quello umano.

L'esame per diventare agente FIFA se lo ricorda ancora? Fu difficile?
No, devo dire che non fu particolarmente difficile, anche perché comunque io al tempo studiavo ancora all'università e quindi mentalmente ero abituato a preparare esami. E poi, conoscendo già un po' il mestiere dall'interno, era una materia che già masticavo ed è stato poi semplice anche metterla in pratica.

E oggi, com'è la giornata tipo dell'agente Federico Pastorello?
Difficile da inquadrare, ovviamente varia a seconda dei periodi; io viaggio tantissimo: l'anno scorso ho

preso 108 aerei e ho macinato qualcosa come 100.000 chilometri in macchina; ho la famiglia di base a Montecarlo, con le mie due bambine che vanno a scuola lì e mia moglie fissa lì. Quella è la mia base, poi con la macchina e tramite l'aeroporto di Nizza mi sposto per le mie destinazioni principali, che sono Inghilterra, Spagna, Francia, Germania e Italia, i miei cinque mercati di riferimento. Poi ho giocatori sparsi anche in Grecia, Croazia e altri Paesi, ma quei cinque sono i miei punti di riferimento.

E fuori dai periodi di mercato, cosa fa un agente? Visto che la sua figura quasi si eclissa per poi tornare sotto i riflettori nei mesi di gennaio, giugno, luglio e agosto.
Nella realtà non è così. Il lavoro si fa anche in base ai rapporti che ti crei e questi vanno coltivati, migliorati, aiutati a crescere. E poi chiaramente ho tanti giocatori che mi chiedono consigli, anche se io contrattualmente parlando non ho atleti in procura. Ma si appoggiano a me per avere un'idea. E quindi sono costretto a uscire a cena con loro, con i direttori sportivi, gli agenti, i presidenti e così via; il tutto per creare la base di conoscenza che serve per fare questo mestiere. Nella realtà a casa si sta più o meno solo tre giorni alla settimana, il resto si gira per l'Europa.

Un consiglio per i giovani che vogliono intraprendere questa carriera: cosa serve a un agente per approcciare un calciatore e fare in modo che questo poi finisca sotto procura?
La base di tutto è essere onesti e professionali, che in questo mondo purtroppo è ancora una cosa molto lontana dall'avere una media decente; e lo dico in mo-

do critico, nel senso che sono io il primo che deve mettersi in discussione sempre. Perché non si smette mai di imparare e bisogna sempre cercare di migliorarsi. E poi chiaramente i contatti, i rapporti e le relazioni alla fine fanno la differenza. Di giocatori fenomenali ce ne sono molto pochi, di buoni giocatori tanti e tra questi tanti solo uno può andare in quella determinata squadra. E tante volte la differenza la fanno proprio i rapporti con una società piuttosto che con un'altra. E per fare ciò non è che puoi stare a casa: non basta il telefono, devi metterci la faccia e l'impegno, la perseveranza. Soprattutto per un giovane: io ho avuto la fortuna di partire con un background importante, con un cognome che mi ha aiutato e mi ha permesso di partire da un gradino più elevato. Sono stato un privilegiato da questo punto di vista però a chi non ha questo tipo di vantaggio dico: perseveranza, onestà e crearsi il più possibile rapporti con allenatori, direttori, presidenti e così via, al fine di avere quelle opportunità e quelle basi di informazioni che se hai prima degli altri puoi sfruttare meglio.

E i rapporti con i giornalisti?
Io personalmente ho un rapporto buono con i media, nel senso che non dico chiaramente quello che non si può dire, ma nel contempo non concedo mai informazioni sbagliate. Piuttosto preferisco non parlare. E anche voi giornalisti siete una parte integrante di questo mondo, molto importante, che però secondo me deve dare informazioni il più oggettive possibili. E invece mi accorgo che, senza voler dare un giudizio su nessuno in particolare perché ognuno fa il suo lavoro, credo spesso le informazioni vengano distorte in base

alla considerazione singola del giornalista, che può avere rapporti buoni o meno buoni con l'agente in questione, può avere più o meno considerazione del giocatore e così via... Alla fine, da una vostra funzione meramente di cronaca si arriva a commenti e considerazioni che onestamente sono molto personali e tra le altre cose anche sbagliati, perché a volte il giornalista non ha una conoscenza così tecnica e approfondita di come stanno le cose. Poi comunque il giornalista è molto, molto utile al nostro lavoro, soprattutto all'inizio. Io, ripeto, ho sempre buoni rapporti con i media, perché se le persone si comportano bene io non dirò mai che sono da una parte e invece sono da un'altra; non ti dirò mai che una squadra è interessata se non lo è... Ecco, il consiglio finale è: mai dare informazioni sbagliate, perché anche i giornalisti sono una componente che va comunque rispettata.

C'è un aneddoto curioso da poter raccontare su qualcuno dei suoi assistiti?
La cosa che mi ricorderò per tutta la vita, e che ha segnato anche un po' un'epoca, è stato il lancio del contratto di Diego Milito fatto all'ultimo momento; la ciliegina sulla torta di una trattativa incredibile, nata a 48 ore dall'ultimo giorno di mercato in piena notte. Era lunedì 1° settembre 2008: passati circa due minuti dalla chiusura del calciomercato, il deposito del contratto arrivò lanciato nel box della Lega Calcio dall'alto, visto che la porta era chiusa. Comunque Diego Milito tornò al Genoa: sembrava un'operazione impossibile, coordinata in modo veramente ottimo e culminata con la firma di un contratto pazzesco... E le immagini del lancio del contratto sono ancora su You-

Tube! Devo dire che quella è stata sicuramente una occasione in cui ho fatto proprio vedere un'altra delle caratteristiche che servono per fare questo lavoro: la determinazione. Non bisogna fermarsi davanti a nulla, anche se hai un muro di fronte a te che sembra invalicabile: inizia a scalarlo, perché puoi farcela.

CAPITOLO X

CLAUDIO VIGORELLI

Da Rampulla ad Abbiati ed Eto'o; e quel Kallon che venne scoperto da un albergatore svedese...

Partire dal nulla, con tanta passione e voglia di sfondare nel mondo del calcio. Un primo contatto con tale Michelangelo Rampulla, ai tempi ancora con la maglia della Cremonese sulle spalle. Dalla televisione al mondo del pallone, il viaggio di Claudio Vigorelli è stato breve ma fruttuoso. Nato a Milano il 15 marzo 1963, ha iniziato la sua carriera nel lontano 1990, quando entrò nel Gruppo IMG, dove si occupava degli aspetti legati al marketing sportivo. Da lì una vita da agente ad alti livelli, che ha incrociato quotidianamente i destini di vari campioni. L'incontro a Milano, il sorriso di sempre: così comincia la sua storia, un fiume in piena.

Buongiorno, Vigorelli: come e quando è iniziata la sua avventura come agente di calciatori?
Lavoravo nel mondo televisivo, come agente degli ar-

tisti. Un giorno conobbi Michelangelo Rampulla, che al tempo giocava nella Cremonese, che mi chiese se potevo seguire anche i suoi interessi. E da lì cominciò tutto: era il 1990 ed entrai a far parte della IMG, un'azienda importante già a quel tempo e ancora oggi una delle maggiori realtà in ambito di management sportivo. Poi mi sono specializzato nel management legato esclusivamente agli atleti, ho sostenuto l'esame presso la FIGC e ho iniziato ufficialmente questa professione che fino ad oggi mi ha dato molte soddisfazioni. Poi, nel 1993, ho fondato una mia azienda, dove mi occupavo essenzialmente di calcio e basket. Diciamo che ho avuto la fortuna di cominciare subito con un atleta professionista, ma l'esperienza che più mi ha segnato è stata quella alla IMG, un gruppo americano con una visione diversa rispetto alla nostra del lavoro dell'agente. Un'idea di lavoro molto innovativa, quasi da precursori. Un periodo molto utile e formativo.

Quali sono stati i suoi primi giocatori? Iniziare è stata dura?
I primi risultati, non avendo io un nome importante ma essendo solo un appassionato di calcio come milioni di altri italiani, non sono arrivati subito. Come detto iniziai in punta di piedi con Rampulla; poi ho fatto molta della vecchia Serie C. Andavo a cercare di scovare o prendere assistiti in categorie minori, ma è stata dura almeno per i primi cinque anni, perché la concorrenza era ed è tanta e il biglietto da visita della IMG non bastava. La svolta è avvenuta con Christian Abbiati, un giovane che presi in quegli anni e che al tempo giocava nelle giovanili del Monza; poi tanti sacrifici, tanto tempo tolto anche alla vita privata, visto

che mi ero sposato all'inizio degli anni '90, momenti anche di continue delusioni e frangenti in cui volevo lasciare e cambiare direzione; poi però, con un po' di bravura e, perché no, anche un po' di fortuna, sono riuscito a... sbarcare il lunario.

Cosa si sente di consigliare ai ragazzi di oggi che vogliono intraprendere questa professione?
Bisogna insistere nei momenti difficili, non mollare mai, credere sempre di raggiungere il proprio traguardo, che magari non sarà quello di portare a casa la Champions, ma come minimo avere degli assistiti in Serie A, anche per le soddisfazioni economiche che ciò comporta. L'umiltà deve accompagnarvi tutti i giorni: io ancora oggi ricevo moltissime e-mail e telefonate di genitori o calciatori e non dico subito di no nemmeno ai ragazzi che giocano in Lega Pro; certo, oggi posso permettermi di fare selezione, ma il mio pregio o difetto, dipende dai punti di vista, è quello di dedicare tempo a chiunque, anche a chi non arriverà mai ad alti livelli. Inoltre bisogna tenere presente un concetto fondamentale che spesso viene dimenticato: non è il procuratore che fa grande un calciatore, ma è il calciatore che fa grande un procuratore. Noi siamo solo i finalizzatori di quello che esprime in campo l'atleta.

Qual è l'emozione più bella nello svolgere questa professione?
L'idea di partire con dei ragazzi molto giovani, anche di 14 anni, e poi magari vederli trionfare in un Campionato del Mondo o in Champions League. A me personalmente è accaduto, vi assicuro che è stata una soddisfazione incredibile, che ti ripaga di tutti i sacrifici!

Come struttura il suo lavoro?
Ho degli osservatori che lavorano per me e poi collaboro con altri due colleghi, un avvocato e un agente. Senza dimenticare che i calciatori vanno seguiti, assistiti quasi quotidianamente. Quindi è un lavoro che ti porta via molte energie, fisiche e mentali.

Come si scovano i giovani calciatori di talento anche all'estero?
Personalmente mi fido di alcuni colleghi che operano all'estero, soprattutto in Spagna, Francia, Inghilterra, Germania e Sudamerica. Il ricercare nuovi possibili campioni è fondamentale. Devi cercare di anticipare gli altri agenti, assumere il mandato di rappresentanza del giovane calciatore per l'Italia e provare a tesserarlo prima che qualcun altro lo proponga al posto tuo. Tutto ciò sempre tramite i rapporti con i vari club, che nel corso degli anni sono diventati via via sempre più forti.

Qual è la giornata tipo di un agente di calciatori?
Varia molto a seconda del lavoro che ti trovi a dover affrontare; di norma diciamo che l'agente si occupa a 360 gradi del quotidiano dell'atleta. Dunque, rapporti con gli sponsor, con i media, con il club; ridiscutere ingaggi, contratti, trasferimenti e così via. Non è semplice, ma sicuramente molto stimolante.

Un agente deve aggiornarsi? La sua professione è cambiata molto nel corso degli anni...
L'aggiornamento è essenziale: bisogna stare al passo con i tempi. L'obiettivo finale di un agente deve essere quello di offrire al calciatore un prodotto il più

professionale e serio possibile, all'avanguardia, dinamico e veloce. E se rimani ancorato a vecchi schemi, sei tagliato fuori.

C'è qualche aneddoto divertente che si può narrare?
Ci sono decine e decine di aneddoti, in 22 anni di carriera e professione ne ho viste di tutti i colori. Sicuramente bisogna prestare attenzione a tutto quello che ti viene segnalato, a dispetto delle apparenze: ricordo che mi chiamò un albergatore svedese dicendomi che dovevo andare a vedere un fenomeno di 16 anni. Mi recai in Svezia, anche un po' controvoglia. E poi vidi Mohamed Kallon, che era lì in stage assieme alla nazionale della Sierra Leone. Da lì nacque la sua storia: lo segnalai a Sandro Mazzola e poi arrivò all'Inter. Questo mi ha insegnato che non bisogna mai lasciare niente d'intentato: in ogni angolo del mondo può esserci un'opportunità, mai avrei pensato di portare un giocatore della Sierra Leone in Serie A.

Gli ultimi anni l'hanno contraddistinta per aver gestito tra gli altri un calciatore come Samuel Eto'o...
Il legame con Eto'o è stata la ciliegina sulla torta che va a coronamento di una carriera fatta di tanti sacrifici. Avere la fortuna di lavorare per uno dei più importanti calciatori al mondo è una soddisfazione professionale notevole. Sono partito con Rampulla e, passando per tanta Serie C, sono riuscito ad annoverare nella mia scuderia tanti campioni, fino alla punta di diamante Samuel Eto'o: vuol dire che qualcosa di buono è stato fatto.

REGOLAMENTO AGENTI DI CALCIATORI

PREMESSA

Art. 1

1. Il presente regolamento disciplina, in conformità alle regole emanate in materia dalla Fédération Internationale de Football Association (FIFA), che qui si intendono richiamate, l'attività degli agenti di calciatori (d'ora innanzi denominati «Agenti») in possesso di una licenza (la «Licenza») rilasciata dalla Federazione Italiana Giuoco Calcio («FIGC») o da altra federazione nazionale ed operanti in ambito nazionale ed internazionale.

2. Gli Agenti sono liberi professionisti senza alcun vincolo associativo nei confronti della FIGC o di società di calcio affiliate alla FIGC, non potendo essere considerati ad alcun titolo tesserati della FIGC.

3. Gli Agenti, con la domanda e la successiva accettazione del rilascio della Licenza a loro nome, si obbligano in via negoziale a rispettare il presente re-

golamento, le altre norme federali e le norme emanate dalla FIFA. In particolare, gli Agenti si obbligano a sottostare al controllo, alle procedure ed al giudizio disciplinare degli organismi federali indicati nel presente regolamento, accettando la piena e definitiva efficacia di qualsiasi provvedimento adottato nei loro confronti.

4. Gli Agenti possono recedere in ogni momento dagli obblighi accettati ai sensi del presente regolamento riconsegnando la Licenza e rinunciando alla relativa qualifica, fatti salvi gli effetti dei provvedimenti adottati, dei procedimenti relativi a fatti commessi in qualità di Agente e degli obblighi assunti in pendenza di Licenza.

Art. 2

1. Con sede presso la FIGC in Roma è istituita la Commissione degli Agenti di calciatori (nel prosieguo «Commissione Agenti»), la quale tiene il registro delle persone fisiche titolari di Licenza che svolgono attività di Agente e ne cura la pubblicazione. La Commissione Agenti svolge le attività indicate nel presente regolamento.

Art. 3

1. L'Agente, in forza di un incarico a titolo oneroso conferitogli in conformità al presente regolamento, cura e promuove i rapporti tra un calciatore professionista ed una società di calcio professionistica, fatto salvo quanto previsto dall'art. 23, in vista della stipula di un contratto di prestazione sportiva, ovvero tra due

società per la conclusione del trasferimento o la cessione di contratto di un calciatore nell'ambito di una Federazione o da una Federazione a un'altra.

2. L'Agente cura gli interessi del calciatore che gli conferisce l'incarico secondo le modalità indicate nel presente regolamento, prestando opera di consulenza a favore dello stesso nelle trattative dirette alla stipula del contratto, assistendolo nell'attività diretta alla definizione, alla durata, al compenso e ad ogni altra pattuizione del contratto di prestazione sportiva.

3. L'Agente svolge attività di assistenza a favore di società di calcio che gli hanno conferito incarico, secondo le modalità indicate nel presente regolamento, per favorire il tesseramento, la conclusione o la cessione di contratti di calciatori.

4. L'Agente deve svolgere la propria attività con trasparenza e indipendenza, secondo i principi e nel rispetto del presente regolamento.

5. L'Agente assiste il calciatore in costanza di rapporto per tutto il periodo della sua durata, curando, altresì, le trattative per eventuali rinnovi di contratto.

Art. 4

1. L'Agente che ha ricevuto uno o più incarichi è tenuto a rappresentare e tutelare gli interessi dei propri assistiti, che possono essere soltanto calciatori o società.

2. L'attività di Agente può essere effettuata solo da persone fisiche che abbiano ottenuto la Licenza. L'Agente ha tuttavia la facoltà di organizzare la propria attività imprenditorialmente, attribuendo ad una società, costituita ai sensi della legislazione civilistica vi-

gente, i diritti economici derivanti dagli incarichi, a condizione che:

a) ciò sia espressamente autorizzato dal calciatore all'atto del conferimento;

b) l'attività dei dipendenti sia limitata a funzioni amministrative;

c) la società abbia come oggetto sociale esclusivo l'attività disciplinata dal presente regolamento ed eventuali attività connesse e strumentali e che l'Agente non sia socio di altre società con analogo oggetto sociale;

d) la maggioranza assoluta del capitale sociale sia posseduta direttamente dai soci agenti;

e) nessuno dei soci sia legato da rapporto di coniugio, di parentela o di affinità fino al secondo grado, con Agenti non soci o con soggetti comunque aventi un'influenza rilevante su società di calcio italiane o estere;

f) nessuno dei soci sia una persona giuridica;

g) i soci che non sono Agenti abbiano e mantengano i requisiti richiesti per il rilascio della Licenza, con l'eccezione del superamento della prova di idoneità, e comunque non versino in una delle situazioni di incompatibilità o divieto previste per gli Agenti dal presente regolamento;

h) la rappresentanza legale della società sia attribuita ad un Agente socio.

3. L'elenco dei dipendenti e collaboratori, la copia autenticata dell'atto costitutivo della società, dello statuto, del libro dei soci, l'elenco nominativo degli organi sociali, nonché delle eventuali variazioni periodicamente intervenute, devono essere depositati presso la Commissione Agenti entro venti giorni dal-

la costituzione della società o dalle modifiche intervenute.

Art. 5

1. Ai calciatori ed alle società di calcio è vietato avvalersi dell'opera di una persona priva di Licenza, salvo che si tratti di un avvocato iscritto nel relativo albo professionale, in conformità alla normativa statuale e sportiva vigente.

2. Il calciatore può farsi assistere dal genitore, dal fratello o dal coniuge e comunque concludere un contratto di prestazione sportiva senza l'assistenza di un Agente. Di tali circostanze deve essere fatta espressa menzione nel contratto di prestazione sportiva.

Requisiti e modalità di conseguimento della Licenza

Art. 6

1. Il candidato che voglia sostenere la prova d'idoneità per il rilascio della Licenza, deve inviare alla Commissione Agenti apposita domanda, redatta in conformità alle modalità e termini del bando pubblicato con Comunicato Ufficiale della FIGC. Nella domanda, cui deve essere allegata la ricevuta attestante l'avvenuto versamento della tassa d'esame nella misura stabilita dalla Commissione Agenti, il candidato deve dichiarare:

a) di essere cittadino italiano o di uno degli Stati membri dell'Unione Europea e di essere residente in Italia, ovvero di essere cittadino non comunitario legalmente e ininterrottamente residente in Italia da almeno due anni;

b) di avere conseguito il diploma di scuola media superiore o titolo di studio equipollente secondo la normativa vigente;

c) di avere il godimento dei diritti civili e non essere stato dichiarato interdetto, inabilitato, fallito;

d) di non avere riportato condanne per delitti non colposi;

e) di non avere riportato, fatte salve le sanzioni per condotte di gioco, alcuna inibizione in ambito sportivo nell'ultimo quinquennio per un periodo, anche complessivamente, superiore a 120 giorni;

f) di non avere in corso procedimenti disciplinari e di non avere mai riportato sanzioni sportive che comportino la preclusione da ogni rango o categoria della FIGC o di altra federazione associata alla FIFA;

g) di non trovarsi in una situazione di incompatibilità o divieto previste dall'art. 10 del presente regolamento per l'esercizio dell'attività di Agente.

2. Per quanto previsto dalle lettere c) e d) del comma precedente, sono fatti salvi gli effetti della riabilitazione e della dichiarazione di estinzione del reato.

3. Con la domanda il candidato si impegna a rispettare le leggi, i regolamenti, le direttive e le decisioni della FIGC e della FIFA.

4. La Commissione Agenti esclude dalla prova d'idoneità, ovvero dal rilascio della Licenza, i candidati che non siano in possesso dei requisiti previsti dal precedente comma 1 e dal bando.

5. Avverso il provvedimento della Commissione di esclusione della prova d'idoneità o dal rilascio della Licenza, è ammesso reclamo alla FIFA – Commissio-

ne dello Status del Calciatore. Nel caso in cui la Commissione FIFA rigetti il reclamo, l'interessato può ripresentare la domanda nel momento in cui ne abbia i requisiti.

Procedura d'esame

Art. 7

La procedura di esame è stabilita dal relativo bando nel rispetto dei principi e disposizioni della FIFA.

Rilascio della Licenza

Art. 8

1. Al fine dell'esercizio dell'attività, l'Agente, entro sei mesi dalla data in cui è stato superato l'esame, pena la decadenza dall'idoneità ed obbligo di ripetizione dell'esame, deve:

a) presentare, alla Commissione Agenti, domanda di iscrizione al registro degli Agenti autorizzati dalla FIGC;

b) produrre una polizza assicurativa per responsabilità professionale rilasciata da compagnia di primaria importanza preferibilmente nazionale (Allegato B);

c) versare la tassa d'iscrizione e la quota annuale, nella misura stabilita dalla Commissione Agenti;

d) sottoscrivere il codice di condotta professionale (Allegato A);

e) sottoscrivere una dichiarazione di accettazione degli obblighi derivanti dal presente regolamento ed, in particolare, una dichiarazione di espressa accettazione della potestà disciplinare degli organi della FIGC e della clausola compromissoria, prevista dal presente regolamento, per la cognizione arbitrale delle controversie.

Art. 9

1. Le associazioni di calciatori ufficialmente riconosciute dalla FIGC che desiderano offrire un servizio di collocamento occupazionale ai calciatori, in conformità al presente regolamento, possono stipulare una loro polizza assicurativa di responsabilità professionale con massimale pari a quello di cinque licenze, ed avvalersi dell'attività di Agenti, non oltre il numero di cinque, che siano membri effettivi dell'associazione da almeno cinque anni e che abbiano conseguito la qualifica di «Agente di calciatori autorizzato dalla FIGC».

Art. 10

1. La Licenza, rilasciata dalla FIGC, abilita l'Agente a svolgere la sua attività su base mondiale, è strettamente personale e non cedibile.

2. Ottenuta la Licenza, l'Agente può qualificarsi come «Agente di calciatore autorizzato dalla Federazione Italiana Giuoco Calcio».

INCOMPATIBILITÀ

Art. 11

1. L'esercizio dell'attività di Agente è incompatibile:

a) con qualsiasi incarico rilevante per l'ordinamento sportivo nell'ambito della FIFA, di una Confederazione, della FIGC ovvero di una società, associazione od organizzazione alle stesse affiliata o collegata;

b) con il possesso di partecipazioni, anche indirette, di una società calcistica italiana o estera, ovvero con il mantenimento di cariche sociali, incarichi dirigenziali, responsabilità tecnico-sportive, rapporti di lavoro autonomo o subordinato con una società calcistica italiana o estera, ovvero con ogni altra situazione o rapporto, anche di fatto, che comporti un'influenza rilevante su di essa.

2. Le relazioni di coniugio, parentela o affinità entro il secondo grado con soggetti che si trovino in una delle situazioni soggettive di cui al comma 1, rilevano ai fini dell'esercizio dell'attività secondo i principi di lealtà, correttezza e probità previsti dal successivo art. 19, ai fini dell'applicabilità delle sanzioni di cui all'art. 25.

3. L'incompatibilità perdura per un anno dalla data della cessazione dell'attività di ciascuno dei rapporti di cui al comma 1. Nel caso di calciatori, l'incompatibilità cessa al termine della stagione sportiva nella quale gli stessi hanno concluso l'attività agonistica.

Decadenza della Licenza

Art. 12

La Licenza decade nei casi in cui l'Agente non possieda più i requisiti preliminari rilevanti (artt. 6 e 8), cessi la sua attività (art. 15) ovvero a seguito di sanzione disciplinare (art. 26).

Revoca della Licenza

Art. 13

1. La Commissione Agenti provvede a monitorare costantemente se l'Agente possieda i requisiti preliminari per il mantenimento della Licenza.
2. Qualora venga meno il possesso di uno dei requisiti preliminari previsti per il rilascio della licenza, l'Agente ha 120 giorni di tempo per sanare la situazione. Trascorso tale termine la Licenza è definitivamente revocata.

Mantenimento della Licenza

Art. 14

1. Al fine di garantire che gli Agenti di calciatori si mantengano aggiornati, la Commissione Agenti, sentite le associazioni di categoria, istituisce corsi di aggiornamento, con tempi e modalità indicati con separato bando, con frequenza obbligatoria e verifica finale per il mantenimento della Licenza.
2. L'Agente deve partecipare a tale corso ogni 5 anni.

Cessazione dell'attività

Art. 15

Qualsiasi Agente che decida di cessare la sua attività è obbligato a restituire la sua Licenza alla Commissione Agenti, pena la cancellazione della Licenza e la pubblicazione di tale decisione.

Art. 16

1. Un Agente può curare gli interessi di un calciatore o di una società di calcio, secondo quanto stabilito nel presente regolamento, solo dopo aver ricevuto incarico scritto. A pena di inefficacia, l'incarico deve essere redatto esclusivamente sui moduli predisposti dalla Commissione Agenti, conformemente al modello FIFA. Tali mandati devono, a pena di inefficacia, essere depositati o inviati, entro 20 giorni dalla loro sottoscrizione, a mezzo raccomandata a.r., presso la segreteria della Commissione Agenti.

2. Adempiute le formalità di cui sopra, il mandato assume efficacia dalla data della sua sottoscrizione.

3. L'incarico è conferito in via esclusiva, non può avere durata superiore a due anni e non può essere tacitamente rinnovato. Le parti possono concordare sia conferito a titolo non esclusivo indicandolo nel mandato.

4. Il mandato deve indicare espressamente il soggetto tenuto al pagamento dell'Agente e le modalità del pagamento, che dovrà essere effettuato esclusivamente dal cliente che gli ha conferito il mandato. Tuttavia, dopo la conclusione del suo contratto con una società, il calciatore può esprimere il suo consenso scritto autorizzando la società di calcio a pagare direttamente l'Agente per suo conto. Il pagamento effettuato a nome del calciatore deve riflettere le condizioni generali di pagamento concordate tra il calciatore e l'Agente.

5. Il mandato deve a pena di nullità contenere al-

meno le seguenti informazioni: il nome delle parti, la durata e il compenso dovuto all'Agente dal calciatore, le condizioni generali di pagamento, la data di scadenza e la firma delle parti.

6. Il mandato conferito da un calciatore o da una società deve essere redatto in quattro copie, sottoscritte da entrambi le parti. Il calciatore o la società conservano la terza copia e l'Agente la seconda. Ai fini della registrazione l'Agente invia la prima e la quarta copia alla Commissione Agenti, nonché alla federazione nazionale alla quale appartiene il calciatore, ove lo stesso non appartenga alla FIGC. La Commissione Agenti istituisce un registro dei mandati ricevuti, assicura la custodia degli atti depositati e definisce il regime di pubblicità degli stessi, individuando le ipotesi di riservatezza dei dati contenuti, con specifico riferimento alle informazioni sensibili per il mercato e le forme di conoscibilità comunque garantite.

7. Le disposizioni di cui al presente articolo non possono pregiudicare il diritto a concludere un contratto di lavoro o un accordo di trasferimento senza l'assistenza di un rappresentante.

8. Gli Agenti di calciatori hanno l'obbligo di evitare qualsiasi conflitto di interessi nel corso della loro attività. Un Agente di calciatori in ogni trattativa può rappresentare solo gli interessi di una parte. In particolare, ad un Agente è vietato avere un mandato, un accordo di cooperazione o comunque interessi condivisi con una delle parti o con uno degli Agenti delle altre parti coinvolti nel trasferimento di un calciatore o nella stipula di un contratto di lavoro.

Compenso

Art. 17

1. L'Agente deve rilasciare idonea documentazione fiscale secondo le vigenti norme.

2. L'importo del compenso dovuto all'Agente che ha ricevuto un mandato da un calciatore è calcolato sulla base del reddito lordo annuo del calciatore, secondo quanto risulta dal contratto depositato e ratificato, compresi eventuali compensi straordinari *una tantum* dovuti alla firma del contratto. Nel calcolo della retribuzione non rientra il valore di altri benefits, i premi a punto e/o qualsiasi tipo di bonus o di privilegio che non sia certo. Il diritto al compenso e le relative azioni si prescrivono al termine della seconda stagione sportiva successiva a quella in cui matura il compenso.

3. L'Agente e il calciatore devono convenire in anticipo se l'Agente è remunerato dal calciatore con il pagamento di una somma forfettaria da effettuarsi alla data di decorrenza del contratto di prestazione sportiva che l'Agente ha negoziato per il calciatore o mediante il pagamento di una quota annuale, determinata in misura percentuale rispetto all'importo individuato al comma precedente da effettuarsi al termine dell'annualità contrattuale.

4. Se l'Agente e il calciatore non concordano il pagamento di una somma forfettaria e il contratto di prestazione sportiva del calciatore negoziato per suo conto dall'Agente ha una durata più lunga di quella dell'incarico, l'Agente, oltre alla quota maturata, ha diritto alla retribuzione maturanda anche dopo la

scadenza dell'incarico, ma non oltre la scadenza del contratto di prestazione sportiva del calciatore. Nel caso di nuovo contratto di prestazione sportiva del calciatore, che venga a sovrapporsi anche solo per alcune annualità a precedente contratto di prestazione sportiva, il successivo Agente che abbia negoziato tale nuovo contratto, per il periodo di sovrapposizione, avrà diritto alle sole eventuali differenze positive che risultassero in base a tale nuovo contratto.

5. In caso di retrocessione della società di appartenenza del calciatore dalla categoria professionistica a quella dilettantistica, il cambiamento di status del calciatore comporta l'automatica decadenza dell'incarico conferito all'Agente e nessun compenso spetta allo stesso relativamente alle annualità contrattuali successive alla retrocessione.

6. Il compenso dell'Agente in caso di incarico affidato da un calciatore è liberamente convenuto fra le parti. Ove esso non sia determinato è fissato nella misura del 3% dell'importo individuato al comma 2. Nel caso in cui il contratto del calciatore sia stato stipulato secondo i minimi della categoria di appartenenza, nessun compenso spetta all'Agente. Nell'incarico devono essere esplicitamente indicate le modalità di pagamento.

7. L'Agente che abbia ricevuto incarico da parte di una società ai sensi dell'art. 3 comma 3, ha diritto ad una somma forfettaria che deve risultare dall'atto di conferimento, a pena di inefficacia dello stesso incarico.

8. In caso di risoluzione del contratto per sopravvenuta impossibilità della prestazione del calciatore, che non sia dovuta a dolo o a colpa grave dello stesso,

all'Agente è dovuto soltanto il compenso per il periodo di vigenza del contratto.

9. Nessun pagamento, inclusa l'indennità di trasferimento, l'indennità di formazione o il contributo di solidarietà, dovuto in relazione al trasferimento di un calciatore tra società di calcio, può essere versato, in tutto o in parte, dal debitore (società di calcio) all'Agente, neppure per il saldo di somme ad altro titolo dovute dalla società all'Agente nella sua veste di creditore. Tale divieto comprende, a titolo non esaustivo, qualsiasi partecipazione dovuta all'Agente relativa a indennità, anche futura, di trasferimento di calciatore.

10. Nell'ambito di un trasferimento di un calciatore, agli agenti di calciatori è vietato ricevere qualsiasi compenso diverso da quello previsto dal presente articolo.

Risoluzione e revoca del mandato

Art. 18

1. Le parti (Agente, calciatore, società) possono risolvere consensualmente l'incarico, regolando tutti i rapporti, in qualunque momento, con apposito accordo debitamente sottoscritto, depositato o inviato mediante lettera raccomandata a.r., entro il termine di venti giorni, presso la segreteria della Commissione Agenti.

2. Il calciatore o la società può revocare l'incarico all'Agente con un preavviso di trenta giorni da comunicarsi con lettera raccomandata a.r. Contestualmente il calciatore o la società deve depositare o inviare

con lettera raccomandata a.r., presso la segreteria della Commissione Agenti, copia della comunicazione di revoca inviata all'Agente, unitamente all'attestazione postale di spedizione.

3. Le parti possono stabilire, all'atto del conferimento dell'incarico, il pagamento di una somma predeterminata a titolo di penale da corrispondere in caso di revoca senza giusta causa.

4. Ove venga accertato dall'organo arbitrale che la revoca è avvenuta per giusta causa nulla è dovuto all'Agente ad alcun titolo. Il calciatore o la società che intenda ottenere il riconoscimento della giusta causa deve, a pena di decadenza, iniziare l'azione di accertamento della giusta causa contro l'Agente interessato entro trenta giorni dalla data di invio della comunicazione di revoca.

5. L'Agente può recedere dall'incarico nei confronti del calciatore o della società con preavviso di trenta giorni da comunicarsi con lettera raccomandata a.r. Contestualmente l'Agente deve depositare o inviare con lettera raccomandata a.r. presso la segreteria della Commissione Agenti copia della lettera di recesso inviata al calciatore o alla società, unitamente all'attestazione postale di spedizione. Sia il calciatore che la società hanno diritto al risarcimento degli eventuali danni che dovessero aver subito dal recesso. Non spetta né al calciatore né alla società alcun risarcimento nel caso in cui il recesso dell'Agente sia avvenuto per giusta causa, che deve essere accertata dall'organo arbitrale a seguito di apposita azione promossa dall'Agente, a pena di decadenza, entro trenta giorni dalla data di invio della lettera di recesso.

Diritti e obblighi dell'Agente

Art. 19

1. Gli Agenti hanno il diritto di : a) contattare ogni calciatore che non è vincolato da un mandato con un altro Agente; b) rappresentare gli interessi di ogni calciatore o società di calcio che gli richieda di rappresentarli nella conclusione o rinnovo di contratti; c) curare gli interessi di qualsiasi calciatore; d) curare gli interessi di qualunque società gli chieda di farlo.

2. Ogni Agente deve assicurarsi che il suo nome, la firma e il nome del suo cliente siano indicati in qualsiasi contratto relativo a operazioni in cui è parte.

3. L'Agente è tenuto all'osservanza delle norme federali, statutarie e regolamentari della FIGC, delle confederazioni e della FIFA. L'Agente è altresì tenuto ad ottemperare alle decisioni della Commissione Agenti, degli organi della FIGC, delle confederazioni e della FIFA, nonché ai lodi dei collegi arbitrali nominati ai sensi del presente regolamento, improntando il proprio operato a principi di lealtà, correttezza, probità, buona fede e diligenza professionale, garantendo in particolare che ogni contratto di prestazione sportiva concluso a seguito della propria attività sia conforme alle sopra citate norme nonché a quelle del diritto dello Stato interessato.

4. L'Agente ha l'obbligo di informare compiutamente il calciatore delle trattative che ha in corso, del significato delle clausole contrattuali, delle informazioni in suo possesso sullo stato e le prospettive di carattere finanziario, amministrativo, tecnico-sportivo ed organizzativo della società con la quale il calciato-

re intende stipulare il contratto di prestazione sportiva, nonché di seguire le direttive eventualmente impartite dal calciatore per il buon adempimento dell'incarico nel rispetto del presente regolamento.

5. L'Agente ha l'obbligo di rispettare le norme deontologiche del Codice di Condotta Professionale.

6. L'Agente deve operare nel rispetto dei contratti sottoscritti fra calciatore e società e far sì che la sua condotta e quella del calciatore da lui rappresentato siano improntate ai principi di lealtà, correttezza e probità di cui al Codice di Giustizia Sportiva. In ogni caso, l'Agente non può effettuare trattative per la conclusione di un contratto con altra società senza il consenso scritto della società con cui il calciatore ha un contratto, salvo che nei sei mesi antecedenti la scadenza del contratto.

7. Eventuali accordi conclusi in violazione dei divieti o in situazione di incompatibilità relative all'attività dell'Agente sono nulli e rappresentano illeciti disciplinari.

8. Ferme restando le disposizioni in materia di divieti e incompatibilità, l'Agente in ogni caso informa il calciatore o la società di eventuali situazioni di conflitto di interessi, anche potenziale, nella conclusione di un contratto di prestazione sportiva, allegando al contratto un'apposita dichiarazione. Nel caso in cui l'informazione non sia stata resa tempestivamente, e comunque prima della conclusione del contratto, il calciatore o la società possono risolvere il rapporto con l'Agente senza che sia dovuto alcun indennizzo ed ottenere la restituzione di quanto eventualmente già corrisposto all'Agente.

9. A richiesta della Commissione Agenti, ovvero de-

gli organi della FIGC e della FIFA, l'Agente è tenuto a fornire ogni informazione unitamente ai documenti necessari.

Divieti e conflitti di interessi

Art. 20

1. Agli Agenti è vietato contattare calciatori che siano sotto contratto con una società di calcio al fine di convincerlo a risolvere anticipatamente il loro contratto o violare gli obblighi in esso previsti. Salvo prova contraria, in caso di risoluzione del contratto senza giusta causa da parte di un calciatore, la responsabilità dell'Agente per induzione alla risoluzione è presunta.

2. È vietato agli Agenti rappresentare gli interessi di più di una parte nella stipula di un contratto tra una società e un calciatore e/o tra due società.

3. È vietato agli Agenti che abbiano curato gli interessi di una società per il tesseramento di un calciatore, ricevere incarichi o somme a qualunque titolo dallo stesso calciatore, o stipulare accordi con quest'ultimo, per un periodo di 12 mesi dalla data del predetto tesseramento.

4. È vietato agli Agenti rappresentare gli interessi di soggetti dell'ordinamento sportivo diversi dai calciatori e dalle società.

5. Fatto salvo quanto previsto dall'art. 4 comma 2, è vietata qualsiasi forma di accordo o collaborazione, di carattere permanente, tra Agenti e/o società di Agenti con l'eccezione di eventuali intese occasionali e dei trasferimenti internazionali.

6. All'Agente o alla società di cui l'Agente è socio, nonché ai singoli soci o amministratori o collaboratori della stessa, è fatto divieto di intraprendere trattative o intrattenere rapporti contrattuali con una società di calcio italiana o estera in cui il coniuge, o un parente o affine entro il secondo grado detenga partecipazioni anche indirettamente, ricopra cariche sociali o incarichi dirigenziali, tecnico-sportivi o di consulenza, o eserciti comunque un'influenza rilevante. Il medesimo divieto si estende a qualsiasi trattativa o rapporto contrattuale con calciatori tesserati per la predetta società o comunque che abbia ad oggetto trasferimenti di calciatori da o verso quest'ultima.

7. Salva l'applicazione delle sanzioni disciplinari previste dal presente regolamento, sono nulli i contratti stipulati dall'Agente con calciatori e società, in violazione dei precedenti commi 2 e 6.

8. Nel caso in cui una delle situazioni soggettive riguardante il coniuge o un parente o affine entro il secondo grado, di cui al precedente comma 6, sopraggiunga in costanza di un rapporto contrattuale tra un Agente e la società interessata o tra un Agente e un calciatore tesserato per tale società, il predetto rapporto contrattuale si risolve di diritto al termine della stagione sportiva in corso al momento del verificarsi della situazione soggettiva vietata.

9. È comunque vietata agli Agenti qualsiasi attività che comporti un conflitto di interessi, anche potenziale, o che sia volta ad eludere i divieti o le incompatibilità previsti dal presente regolamento.

Art. 21

1. Un calciatore ove intenda avvalersi dei servizi di un Agente, deve rivolgersi esclusivamente a soggetto titolare di Licenza, conferendo l'incarico previsto dall'art. 15, fatte salve le previsioni di cui all'art. 5.

2. È dovere del calciatore verificare che un Agente sia fornito di regolare Licenza prima di conferirgli il relativo mandato.

3. Il calciatore è tenuto al rispetto in buona fede del contratto stipulato con l'Agente e fornisce allo stesso le direttive per il buon adempimento dell'incarico nel rispetto delle regole sportive e del presente regolamento.

4. Fino a sei mesi prima della scadenza del suo contratto di prestazione sportiva, il calciatore non può dare incarico ad alcun Agente di ricercare altra società senza il consenso scritto della società di appartenenza.

5. Ove un calciatore si sia avvalso dell'opera di un Agente, al fine o nella conclusione di un contratto di prestazione sportiva, deve assicurarsi che il nome dell'Agente sia indicato sul contratto. Nel caso in cui sia stato concluso un contratto senza l'assistenza di un Agente, deve esserne fatta espressa menzione nel contratto.

6. Il calciatore che concluda un contratto con una società senza l'assistenza di un Agente regolarmente nominato è tenuto comunque, qualora non abbia esercitato il diritto di revoca con le modalità di cui al precedente art. 18, a corrispondere all'Agente il com-

penso contrattualmente stabilito all'atto dell'incarico, ovvero quello previsto dall'art.17 comma 6.

Diritti e obblighi delle Società di calcio

Art. 22

1. Le società di calcio hanno il diritto di avvalersi dei servizi di Agenti forniti di Licenza per essere rappresentate nelle trattative in materia di trasferimenti di giocatori o nella stipula di contratti di lavoro.

2. Ogni società che intenda concludere un contratto di prestazione sportiva con un calciatore deve trattare unicamente con il suo Agente, se nominato e risultante dagli atti della Commissione Agenti o di altra Federazione nazionale, ovvero direttamente con il calciatore stesso, verificando l'esistenza dell'incarico di cui all'art. 16.

3. Nel caso in cui il calciatore sia sprovvisto di Agente, la società deve avere rapporti direttamente con il calciatore o con gli altri soggetti di cui all'art. 5.

4. Ove una società si sia avvalsa dell'opera di un Agente per la conclusione di un contratto di prestazione sportiva con uno o più calciatori, deve assicurarsi che il nome dell'Agente sia indicato nel contratto.

5. Ove la società non si avvalga dell'assistenza di un Agente, tale circostanza deve essere esplicitamente indicata nel contratto.

6. È fatto divieto alle società contattare un calciatore che sia sotto contratto con altra società, o il suo Agente, senza il consenso scritto della società medesima, salvo che nei sei mesi antecedenti la scadenza del contratto.

7. È fatto divieto ad una società del settore professionistico ed ai soggetti che abbiano, direttamente o indirettamente, partecipazioni rilevanti nella medesima, nonché ai dirigenti e ai responsabili tecnico-sportivi della società stessa, di detenere interessi o esercitare un'influenza rilevante sulle attività di un Agente o di una società di Agenti. Tale situazione si presume sussistente anche quando riguarda il coniuge o parenti ed affini fino al secondo grado tra i soggetti sopraindicati.

8. La società informa il calciatore e il suo Agente di eventuali situazioni di conflitto di interessi nella conclusione di un contratto, allegando al contratto un'apposita dichiarazione.

Nel caso in cui l'informazione non sia stata resa prima della conclusione del contratto, il calciatore ha diritto alla risoluzione del contratto di prestazione sportiva.

Rappresentanza dei calciatori minorenni

Art. 23

1. L'incarico ad un Agente da parte di calciatori minorenni deve essere sottoscritto dal medesimo calciatore e dall'esercente la potestà genitoriale.

2. L'incarico conferito da un calciatore minorenne cessa di avere effetti, senza alcun diritto per l'Agente, qualora entro il termine di centoventi giorni dalla data di deposito o di invio con lettera raccomandata a.r. dell'incarico presso la segreteria della Commissione Agenti, il calciatore non stipuli effettivamente un contratto di prestazione sportiva come professionista con una società.

3. L'incarico ad un Agente può essere conferito solo dal momento in cui il minore può tesserarsi con una società come professionista, secondo le regole stabilite dalla FIGC, e deve essere redatto esclusivamente, a pena di nullità, sui moduli annualmente predisposti dalla Commissione Agenti, d'intesa con il Settore Giovanile e Scolastico della FIGC, con firma autenticata. L'incarico deve essere gratuito e deve essere depositato, o inviato a mezzo raccomandata a.r., a pena di inefficacia, presso la segreteria della Commissione Agenti, entro venti giorni dalla sua sottoscrizione. Copia di tale incarico viene, quindi, trasmessa al Presidente del Settore Giovanile Scolastico e, in assenza di sue osservazioni da comunicarsi alla Commissione Agenti di calciatori entro 15 giorni dal ricevimento, lo stesso acquista piena efficacia.

Clausola compromissoria

Art. 24

1. In caso di controversie internazionali relative all'attività di Agente, una richiesta di procedura di arbitrato può essere presentata alla Commissione per lo Statuto dei Calciatori della FIFA.

2. Se dalla trattazione di una controversia emergono profili disciplinari, la Commissione per lo Statuto dei Calciatori della FIFA ovvero il giudice unico (se competente) trasmette gli atti alla Commissione Disciplinare con la richiesta di avvio di un procedimento disciplinare, in conformità con il codice di disciplina della FIFA.

3. La Commissione per lo Statuto dei Calciatori o

il giudice unico (se competente) non possono avviare un procedimento disciplinare se sono trascorsi più di due anni dall'evento che ha dato origine alla controversia o se sono trascorsi più di sei mesi dalla cessazione dell'attività da parte dell'Agente coinvolto. La prescrizione è rilevabile d'ufficio.

4. Le singole procedure per la risoluzione delle controversie relative all'attività di Agente sono ulteriormente regolate dal regolamento di procedura della FIFA per i procedimenti innanzi la Commissione per lo Statuto dei Calciatori della FIFA e la Camera per la Risoluzione delle Controversie della FIFA.

Sanzioni

Art. 25

1. Sanzioni disciplinari possono essere inflitte ad agenti, calciatori o società di calcio che violino le norme del presente regolamento e i suoi allegati, ovvero gli statuti e gli altri regolamenti della FIFA, delle Confederazioni o delle Federazioni.

2. Le indagini, il deferimento e l'accertamento delle infrazioni e l'applicazione delle sanzioni nei confronti degli agenti in possesso di licenza rilasciata dalla FIGC sono di competenza degli organi di giustizia sportiva della FIGC, secondo le procedure previste dallo Statuto e dai regolamenti federali in relazione ai tesserati FIGC, fatte salve le previsioni specifiche del presente regolamento.

3. La competenza della FIGC nelle controversie nazionali non esclude, tuttavia, quella della Commissione Disciplinare della FIFA che può applicare san-

zioni ad un Agente che sia coinvolto in un trasferimento all'interno di una Federazione diversa da quella che ha emesso la sua Licenza.

4. Per l'acquisizione di dati ed informazioni e per l'accertamento delle infrazioni, gli organi di giustizia federali possono avvalersi anche della collaborazione della Commissione Agenti e degli uffici della FIFA competenti per materia, chiedendo altresì informazioni agli Agenti, i quali sono tenuti a fornirle a pena di sospensione della Licenza.

5. A seguito dell'eventuale deferimento della Procura Federale, gli Agenti sono giudicati in primo grado dalla Commissione Disciplinare Nazionale, avverso le cui decisioni l'Agente può ricorrere alla Corte di Giustizia Federale nei termini e con le modalità di cui al relativo Codice di Giustizia sportiva.

6. Nelle transazioni internazionali la Commissione Disciplinare della FIFA è competente per l'applicazione di sanzioni in conformità con il codice disciplinare della FIFA.

7. In caso di incertezza o di controversia sulla competenza, la decisione è rimessa alla Commissione Disciplinare della FIFA, la quale decide quale sia l'organo competente per l'applicazione di sanzioni.

8. I procedimenti disciplinari sono avviati dagli organi di giustizia della FIGC o dalla FIFA d'ufficio o su istanza di parte.

Sanzioni nei confronti degli Agenti

Art. 26

1. L'Agente che contravviene ai propri doveri o abu-

sa dei propri poteri, ovvero non osserva le norme federali, statutarie e regolamentari della FIGC, delle Confederazioni e della FIFA, nonché del presente regolamento e dei suoi allegati, ovvero non ottempera alle decisioni della Commissione Agenti, degli organi della giustizia sportiva della FIGC e degli organi arbitrali, a seconda della gravità dei fatti e tenuto conto di eventuali recidive, è soggetto alle seguenti sanzioni, irrogabili anche congiuntamente:

a) censura o deplorazione;

b) sanzione pecuniaria di almeno Euro 5.000;

c) sospensione della Licenza per un massimo di 12 (dodici) mesi;

d) revoca della Licenza;

e) divieto di partecipare a qualsiasi attività nell'ambito del calcio; ovvero preclusione alla permanenza in qualsiasi rango o categoria della FIGC.

2. I calciatori o le società rappresentati da un Agente cui sia stata inflitta la sanzione disciplinare della sospensione hanno la facoltà di recedere *ad nutum* dal loro rapporto contrattuale con l'Agente.

Sanzioni nei confronti dei calciatori

Art. 27

1. Il calciatore che si avvale delle prestazioni di un Agente non titolare di Licenza e non iscritto nel registro di cui all'art. 2, fatte salve le previsioni di cui all'art. 5, o che viola le disposizioni del presente regolamento e dei suoi allegati a lui applicabili, è soggetto, a seconda della gravità dei fatti e tenuto conto di eventuali recidive, alle seguenti sanzioni degli organi di giustizia spor-

tiva della FIGC, nel caso di trasferimento nazionale, o della FIFA nel caso di trasferimento internazionale:

a) censura o deplorazione;

b) sanzione pecuniaria di almeno Euro 5.000;

c) inibizione;

d) divieto di svolgere qualsiasi attività legata al calcio, ovvero preclusione alla permanenza in qualsiasi rango o categoria della FIGC.

2. Le sanzioni possono essere irrogate anche congiuntamente.

Sanzioni nei confronti delle società di calcio

Art. 28

1. La società che viola le disposizioni del presente regolamento e dei suoi allegati ad essa applicabili è soggetta, a seconda della gravità dei fatti e tenuto conto di eventuali recidive, alle seguenti sanzioni da parte degli organi di giustizia sportiva della FIGC, nel caso di trasferimento nazionale, o della FIFA nel caso di trasferimento internazionale: a) censura o deplorazione; b) sanzione pecuniaria di almeno Euro 5.000; c) divieto di trasferimenti; d) penalizzazione di punti in classifica; e) retrocessione ad una categoria inferiore.

2. Qualsiasi operazione effettuata dalla società in presenza di una situazione di incompatibilità o di divieto prevista dal presente regolamento è nulla ed è sanzionata, da parte dei competenti Organi di Giustizia della FIGC, in misura pari al 10% del compenso lordo contrattualmente convenuto dal calciatore.

3. Le sanzioni possono essere irrogate anche congiuntamente.

Commissione Agenti

Art. 29

1. La Commissione Agenti è composta da:

due componenti nominati dal Presidente della FIGC, di cui uno con funzioni di Presidente e l'altro con funzioni di Vicepresidente della Commissione, tra persone in possesso di chiara esperienza giuridico-sportiva e di notoria indipendenza;

– un componente nominato dal Presidente della FIGC su designazione congiunta della Lega Nazionale Professionisti e della Lega Italiana Calcio Professionistico;

– due componenti nominati dal Presidente della FIGC su designazione dell'Associazione Italiana Calciatori;

– due componenti nominati dal Presidente della FIGC su designazione delle associazioni di categoria degli Agenti.

2. La Commissione Agenti resta in carica quattro anni e svolge la sua attività con l'assistenza di un segretario nominato dalla FIGC. La Commissione Agenti può avvalersi della collaborazione di un esperto in materie giuridiche, designato dal Presidente della Commissione con parere favorevole della stessa, il quale partecipa alle riunioni senza diritto di voto.

3. Nello svolgimento delle sue funzioni, la Commissione Agenti è validamente operante purché costituita da almeno tre membri, di cui uno deve essere il Presidente o il Vicepresidente. La Commissione Agenti svolge ogni funzione utile od opportuna ai fini dell'applicazione del presente regolamento.

4. La Commissione Agenti rilascia le licenze e cura l'iscrizione nel registro di cui all'art. 2 dei candidati che abbiano provveduto agli adempimenti previsti dal presente regolamento.

5. La Commissione Agenti svolge funzioni esaminatrici per la prova di idoneità di Agente e cura la pubblicazione del bando per la prova d'esame di cui all'art. 7 di norma due volte l'anno e comunque sulla base delle indicazioni fornite dalla FIFA.

6. La Commissione Agenti delibera la sospensione della Licenza a richiesta dell'interessato, ovvero quando accerta la mancanza di uno dei requisiti previsti dall' art. 6 o la presenza di una situazione di incompatibilità prevista dall'art. 11 per l'esercizio dell'attività di Agente.

7. Fatto salvo il precedente comma 6, la Commissione Agenti delibera la revoca della Licenza a richiesta dell'interessato nonché al venir meno dei requisiti richiesti per il rilascio della Licenza.

8. Su richiesta di qualunque interessato la Commissione Agenti si esprime circa la sussistenza della situazioni di incompatibilità di cui all'art. 11 o sulle condizioni per l'esercizio dell'attività di Agente in forma societaria.

9. La Commissione Agenti segnala, anche d'ufficio, agli organi di giustizia sportiva della FIGC le violazioni del presente regolamento e dei suoi allegati e dà esecuzione ai provvedimenti degli stessi organi.

10. La Commissione Agenti, d'intesa con le associazioni di categoria, istituisce corsi di formazione e aggiornamento professionale per gli Agenti, così come previsto dall'art. 14.

11. Fatto salvo quanto previsto all'art. 6 comma 5,

gli atti della Commissione Agenti che incidono su situazioni giuridiche soggettive di Agenti, calciatori o società di calcio sono soggetti a impugnazione innanzi alla Corte di Giustizia Federale.

12. In caso di particolare urgenza, il Presidente della Commissione Agenti può adottare gli atti o provvedimenti di competenza della Commissione Agenti, sottoponendoli a ratifica nella prima riunione utile. La mancata ratifica da parte della Commissione Agenti comporta la immediata decadenza dei provvedimenti adottati dal Presidente.

Disposizioni transitorie e finali

Art. 30

1. Il presente regolamento entra in vigore dopo l'approvazione del competente organo della FIFA e con la pubblicazione su apposito Comunicato Ufficiale della FIGC. A tal fine viene conferita delega al Presidente Federale per apportare eventuali modifiche che venissero all'uopo richieste dalla FIFA nonché per effettuare il coordinamento formale e la rettifica di errori materiali.

2. Le domande di arbitrato proposte sulla base delle clausole compromissorie contenute in contratti di incarico ad Agente stipulati fino al 31 gennaio 2007 continueranno ad essere regolate dal regolamento degli Agenti in vigore a tale data e dovranno essere proposte alla Camera Arbitrale costituita presso la FIGC, la quale cesserà le sue funzioni con l'esaurimento dei procedimenti arbitrali instaurati davanti ad essa. Le parti dei contratti di incarico in es-

sere alla data di entrata in vigore del presente regolamento potranno consensualmente modificare la clausola compromissoria ivi contenuta per indicare la competenza del Tribunale Nazionale di Arbitrato per lo Sport.

3. Gli Agenti in possesso di Licenza alla data di entrata in vigore del presente regolamento hanno 90 giorni di tempo da tale data per risolvere le eventuali situazioni di incompatibilità.

4. Fino all'adozione dei nuovi moduli contrattuali, che saranno predisposti dalla Commissione Agenti, sono utilizzabili quelli preesistenti, ferma restando l'inefficacia delle eventuali clausole incompatibili con il presente regolamento.

Allegato A
Codice di Condotta Professionale

I.

L'Agente di calciatori ha l'obbligo di svolgere il suo lavoro coscienziosamente e di comportarsi nella sua attività professionale in maniera degna di rispetto e confacente alla sua professione. Lo stesso, pur non essendo tesserato della FIGC, è tenuto a rispettare le norme federali, statutarie e regolamentari della FIGC, delle Confederazioni e della FIFA.

II.

L'Agente di calciatori deve attenersi alla verità, alla chiarezza ed all'obiettività nei rapporti con il suo assistito e nelle trattative con i partner ed altre parti in causa.

III.

L'Agente di calciatori deve proteggere gli interessi del suo assistito, con imparzialità e nel rispetto della legge e dei regolamenti sportivi, dando luogo a relazioni d'affari improntate alla chiarezza ed alla legalità.

IV.

Nel corso delle trattative con i suoi interlocutori e le altre parti in causa, l'Agente di calciatori non deve venire meno al rispetto dei loro diritti. In particolare deve rispettare i rapporti contrattuali dei suoi colleghi e deve astenersi da qualsiasi azione diretta ad indurre calciatori a revocare gli incarichi conferiti a colleghi agenti, anche se ciò non sia finalizzato ad instaurare nuovi rapporti professionali.

V.

L'Agente di calciatori deve tenere la contabilità prevista dalla legge, e rispettare le norme fiscali vigenti nel paese in cui opera. Su richiesta di qualsiasi autorità sportiva che conduca un'inchiesta su casi disciplinari o controversie, l'Agente di calciatori deve essere in grado di produrre registri ed altra documentazione direttamente attinente al caso in questione. A richiesta dell'assistito, l'Agente di calciatori deve, senza indugio, documentare i costi e le spese e consegnare documentazione fiscale idonea.

VI.

L'Agente di calciatori deve evitare di agire contemporaneamente per più giocatori appartenenti alla medesima squadra, qualora ciò possa determinare una situazione anche solo potenzialmente conflittuale con la società stessa, e deve altresì evitare qualsiasi situazione in cui possa ravvisarsi un conflitto di interessi.

VII.

L'Agente nei rapporti con i colleghi deve mantenere una condotta ispirata a principi di lealtà e correttezza, e rispettare le norme in materia di concorrenza.

VIII.

È fatto divieto all'Agente di calciatori di adire gli organi di Giustizia Ordinaria ai sensi dello Statuto della FIFA, fatto salvo quanto previsto dall'Ordinamento Statuale.

Ringraziamenti

Il successo di un libro è spesso frutto anche della disponibilità delle persone. E gli autori non possono che ringraziare tutti coloro che, instancabilmente, pedinati telefonicamente o dal vivo, hanno acconsentito alla pubblicazione delle loro storie, degli aneddoti e dei ricordi più intimi. Dunque, un sentito grazie a (in rigoroso ordine alfabetico) Giuseppe Accardi, Patrick Bastianelli, Giovanni Branchini, Andrea Cattoli, Andrea D'Amico, Davide Lippi, Lionello Manfredonia, Carlo Pallavicino, Federico Pastorello e Claudio Vigorelli

Un sentito grazie anche a Xavier Jacobelli, direttore editoriale di calciomercato.com, per la sua disponibilità e per l'impegno, i consigli e i suggerimenti continui.

Non possiamo esimerci dal ringraziare anche Massimo Lanotte, professore di Diritto del lavoro nell'Università di Modena e Reggio Emilia e avvocato giuslavorista del Foro di Reggio Emilia; ma prima di tutto amico e collega fraterno.

Un ringraziamento affettuoso ad Alessandro Scillitani, noto artista multimediale, con il dono, tra gli altri, del disegno.

Un grazie doveroso anche all'editore, che ha deciso di puntare su un prodotto partito nell'ombra, ma che si è presto ritagliato un ruolo importante.

E un grazie sincero anche a chi non ha voluto partecipare a questo progetto editoriale; perché è anche con i rifiuti che si cresce e si diventa grandi.

Indice

PARTE SECONDA
Le testimonianze dei più grandi agenti dei calciatori

Nel Catalogo Mursia

Libri Consigliati

Antonio Carioti

CON IL DIAVOLO IN CORPO

Dai ricordi d'infanzia sulle imprese di Rocco e Rivera alle fresche emozioni per i gol di Pato e Ibrahimovic, una vita raccontata attraverso le gioie e i dolori del tifo rossonero. I trionfi del Paròn e il trauma di Verona, la conquista della stella e l'umiliazione della B. Poi l'era Berlusconi: gli olandesi di Sacchi e i duelli con il Napoli di Maradona, le gesta degli invincibili di Capello, lo scudetto a sorpresa con Zaccheroni.

Collettivo Baüscia

MANUALE DI «PROSTITUZIONE INTELLECTUALE»

Dal «Non vincete mai» agli «Scudetti di cartone»: il racconto di anni e anni di attacchi all'Inter

È il momento clou della conferenza stampa di José Mourinho del 3 marzo 2009, subito dopo le polemiche per un rigore dubbio assegnato all'Inter. Parla di manipolazione, Mou, ma anche le sue parole verranno manipolate. Manuale di «Prostituzione intellectuale» *racconta i fatti che hanno preceduto e seguito la conferenza, dimostrando come le accuse dell'allenatore interista fossero fondate.*

Collettivo Baüscia 2

TRIPLETE

Ovvero la prostituzione intellectuale non si ferma mai

Com'è possibile che, nonostante una squadra vinca tutto, per i media italiani essa sia in perenne crisi, se non di risultati, di nervi? E come possono le avversarie perdenti essere tutte delle oasi di pace e d'amore? Dopo il Manuale di «Prostituzione intellectuale»*, due quinti del Collettivo Baüscia lanciano frecciate ai bersagli più disparati: Federazione, squadre rivali, giornalisti, fino agli stessi protagonisti della cavalcata interista.*

Emilio Cambiaghi

MANUALE DI AUTODIFESA DEL TIFOSO JUVENTINO

Calciopoli, i bilanci del calcio, il doping, le verità non dette

Che cosa è successo veramente nella bollente estate di Calciopoli? Perché la Juventus è stata mandata in serie B mentre le altre squadre se la sono cavata con sanzioni di modesta entità? Quali misteri nascondono le sentenze del processo più controverso che la storia del calcio mondiale ricordi? A queste e ad altre domande risponde questo manuale rivolto soprattutto al tifoso juventino stanco di subire in silenzio le malignità altrui senza poter far sentire la propria voce.

Fabio De Mas

LA JUVE DENTRO

Il racconto di una passione in bianco e nero

Gli ultimi trent'anni di storia della Juventus raccontati dalle emozioni e dalle parole di un viscerale ed entusiasta tifoso della Vecchia Signora: la nascita della passione bianconera sull'onda delle suggestioni create dai racconti del padre, la prima mitica partita vista allo stadio, il sogno di emulare le gesta di Paolo Rossi e, ancora, le lunghe trasferte e le pazzie fatte per essere vicino ai propri beniamini, la descrizione puntuale e «di parte» degli indimenticabili campioni che hanno vestito la maglia della grande Juve.

Gabriele Porri - Michele Sarno

STORIA DELLA SERIE A

Dal girone unico a Superga (1929-1949)

L'Ambrosiana di Meazza, la Juve dei record, il Bologna «che tremare il mondo fa». E poi Orsi, Piola, Mazzola, Biavati. Gli anni bui del Milan e quelli straordinari del Grande Torino. Un viaggio attraverso i due decenni (1929-1949) in cui il gioco del calcio è diventato un fenomeno di massa e uno strumento di propaganda del regime di Mussolini.